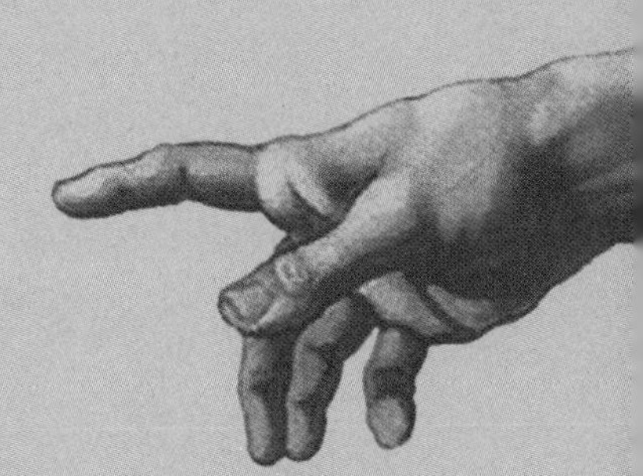

하나님의 구원 계획을 조망하게 합니다.

김 재 인

가스펠 프로젝트

구약 1

위대한 시작

청장년

지은이 · LifeWay Students
옮긴이 · 김주성
감수 · 김병훈, 이희성, 신대현
초판 발행 · 2016년 11월 1일
9쇄 발행 · 2018년 1월 10일
등록번호 · 제1988-000080호
등록된 곳 · 서울특별시 용산구 서빙고로65길 38
발행처 · 사단법인 두란노서원
영업부 · 2078-3352 FAX 080-749-3705
편집부 · 2078-3437
디자인 · 더그램

책값은 뒤표지에 있습니다.
ISBN 978-89-531-2656-5-2 04230

가스펠 프로젝트 홈페이지 · gospelproject.co.kr
두란노몰 · mall.duranno.com

(2)

차례

1

The Story Begins

발간사

두란노서원을 통해 라이프웨이(LifeWay)의 《가스펠 프로젝트》 성경 공부 교재 시리즈를 발간할 수 있도록 인도하신 하나님께 감사드립니다. 험한 소리로 가득한 세상에 이 책을 다릿돌처럼 놓습니다. 우리 삶은 말씀을 만난 소리로 풍성해져야 합니다. 주님을 만난 기쁨의 소리, 진실 앞에서 탄식하는 소리, 죄를 씻는 울음소리, 소망을 품은 기도 소리로 가득해야 합니다.

《가스펠 프로젝트》는 신구약을 관통하는 예수 그리스도의 복음을 발견하고, 그 가르침을 삶에 적용하는 지혜를 얻도록 기획한 성경 공부 교재입니다. 어린아이부터 어른에 이르기까지 생애주기에 따른 복음 메시지를 잘 배울 수 있습니다. 또한 거짓 진리가 미혹하는 이 시대에 건강한 신학과 바른 교리로 말씀을 조명해 성도의 신앙이 좌로나 우로나 치우치지 않도록 돕습니다.

두란노서원은 지금까지 "오직 성경, 복음 중심, 초교파적 관점"을 바탕으로 한국 교회와 성도를 꾸준히 섬겨 왔습니다. 오직 성경의 정신에 입각해 책과 잡지를 출판해 왔으며, 성경에 근거한 복음 중심의 신학을 포기한 적이 없습니다. 그리고 교단과 교파를 초월해 교회와 성도가 하나님 나라를 바라볼 수 있도록 돕기 위해 노력해 왔습니다. 《가스펠 프로젝트》는 두란노가 지켜 온 세 가지 가치를 충실하게 담은 책입니다.

성경은 구원을 위한 책이며, 구원사의 주인공은 예수 그리스도입니다. 창세기부터 요한계시록까지 오직 예수 그리스도의 복음만을 전하는 《가스펠 프로젝트》 성경 공부 교재를 통해 복음의 은혜와 진리를 깊이 경험하고, 복음 중심의 삶이 마음 판에 새겨지기를 바랍니다. 그리고 예수 그리스도 복음에 굳게 선 한 사람의 영향력이 가정과 교회와 사회에 흘러감으로써 거룩한 하나님 나라가 확산되어 가기를 소망합니다.

2016년 11월 1일

두란노서원 원장 이 형 기

감수사

두란노가 출간하는《가스펠 프로젝트》는 무엇보다도 전통적으로 교회가 풀어 온 흐름을 충실히 따라 성경을 해설하고 있습니다. 그리고 그 방향은 궁극적으로 예수 그리스도를 향해 나아가고 있습니다. 이것은 예수님이 구약과 신약의 모든 성경이 자신을 가리키고 있다고 하신 말씀에 비추어 매우 타당한 것입니다. 게다가 그리스도 중심적 해설을 무리하게 전개하지 않습니다. 각 본문에서 하나님의 구원 언약과 그것을 실현하시는 하나님을 드러내면서, 그리스도의 예표적 설명이 가능한 사건을 놓치지 않고 풀어내고 있습니다.

성경 공부 교재는 명시적으로 혹은 암시적으로 제시하는 교리적 진술이 교리 체계상 건전해야 합니다.《가스펠 프로젝트》는 99개 조에 이르는 핵심 교리들을 일목요연하게 제시하여 교리의 건전성을 확인할 수 있도록 도움을 줍니다.《가스펠 프로젝트》의 교리는 교파를 막론하고, 예수 그리스도의 복음에 충실한 복음주의 교회들에게 환영받을 만합니다. 물론 교파마다 약간의 이견을 갖는 부분들이 있을 수 있겠지만, 각 교회에서 교재를 활용하는 데는 무리가 없을 것입니다.《가스펠 프로젝트》의 특징은 각 과에서 학습한 내용을 핵심 교리와 연결해 주며, 그 결과 그리스도의 복음에 관련한 교리적 이해를 강화시킨다는 데 있습니다.

끝으로《가스펠 프로젝트》는 어떤 성경 주해서나 교리 학습서가 갖지 못하는 훌륭한 장점을 가지고 있습니다. 그것은 학습자를 하나님과 그리스도의 복음 앞으로 이끌며, 자신의 신앙과 삶을 돌아보도록 하는 적용의 적실성과 훈련의 효과입니다. 아울러 본문과 관련해 교회사적으로 또 주석적으로 중요한 신학자와 목사의 어록과 심화주석을 제시하고, 심화토론 질문들(인도자용)과 선교적 안목을 열어 주는 적용 질문들을 더해 준 것은《가스펠 프로젝트》에서 얻을 수 있는 큰 유익입니다.

추천할 만한 마땅한 성경 공부 교재를 찾기가 쉽지 않은 현실에서《가스펠 프로젝트》는 성경을 개괄적으로 매주 한 과씩 3년의 기간 동안 일목요연하게, 그리고 그리스도 중심적으로 공부하도록 이끌어 준다는 점에서, 한국 교회의 기초를 성경 위에 놓는 일에 큰 공헌을 할 것으로 믿어 의심치 않습니다.

김병훈 _ 합동신학대학원대학교 조직 신학 교수

"보라 날이 이를지라 내가 기근을 땅에 보내리니 양식이 없어 주림이 아니며 물이 없어 갈함이 아니요 여호와의 말씀을 듣지 못한 기갈이라"(암 8:11). 주전 8세기 아모스 선지자의 외침이 오늘 이 시대에 다시 메아리쳐 오고 있습니다. 두란노의《가스펠 프로젝트》는 성도들이 겪고 있는 영적인 갈증과 혼란을 해소해 줄 수 있는 유익한 성경 공부 교재입니다.

첫째,《가스펠 프로젝트》는 성경 전체 흐름과 문맥에 따라 구성되어 성경의 큰 그림을 볼 수 있도록 도와줍니다. 또 성경 각 본문의 의미를 깊이 이해할 수 있도록 해당 분야의 전문 성경 신학자들의 주석적 견해를 잘 소개하고 있습니다. 둘째, 본문 연구와 함께 관련 핵심 교리들을 적절하게 소개해 성경과 교리를 연결할 수 있습니다. 또 모든 세션에서 그리스도와의 연결점을 찾아 제시함으로써 구약 본문을 통해서도 복음을 깨달을 수 있습니다. 성경 공부 전 과정을 마치면 성도들이 복음에 대한 견고한 믿음을 가지게 될 것입니다. 셋째, 성경 공부 적용의 초점을 선교에 맞추어 성도들이 삶의 현장에서 복음의 증인으로서의 사명을 감당할 수 있게 도와줍니다. 마지막으로 주일학교에서 장년에 이르기까지 동일한 주제와 본문으로 성경을 공부하도록 구성했기 때문에 모든 교인이 한 말씀 안에서 한 믿음의 공동체를 이루며 성숙해 가는 영적 부흥을 경험하게 될 것입니다.

두란노의《가스펠 프로젝트》를 통해 말씀이 갈급한 기근의 시대에 영적 해갈의 기쁨을 경험하시기 바랍니다.

이희성 _ 총신대학교 구약학 교수

'가스펠 프로젝트'는 성경 안에 나타난 하나님의 구원 계획-실행-완성이라는 일련의 진행을 잘 요약한 말입니다. 구원의 소식은 예수 그리스도가 오셨을 때 비로소 전해진 것이 아니라 창세 이전에 그리스도 안에서 하나님의 지혜로 계획된 것입니다. 이 복음 계획은 구약 역사가 진행되면서 더 구체적으로 알려졌고, 하나님의 아들 예수 그리스도가 이 땅에 오심으로써 완전히 드러났습니다. 이 복음으로 하나님의 백성이 모두 구원을 받을 것이며, 그제야 세상에 끝이 오고 하나님의 가스펠 프로젝트는 완성될 것입니다.

《가스펠 프로젝트》는 이러한 큰 그림을 염두에 두고 시대를 따라 진행되는 하나님의 구원 계획을 체계적으로 다루고 있습니다. 각 세션의 시작과 끝에 두 개의 푯대, 즉 '신학적 주제'와 '그리스도와의 연결'을 제시해 세션이 다루는 내용이 구원 역사의 큰 진행에서 어느 지점에 해당되는지 알려 줍니다. '신학적 주제'는 본문에서 하나님의 가스펠 프로젝트의 어느 지점에 주목해야 하는지 알려 주며, '그리스도와의 연결'은 이 지점이 가스펠 프로젝트 전체와 어떻게 연결되는지 확인시켜 줍니다. 가스펠 프로젝트의 부분과 전체를 아는 지식을 동시에 배워 가면서 이 시대를 향한 단기 비전과 앞으로 임할 하나님 나라에 대한 장기 비전을 함께 가질 수 있습니다.《가스펠 프로젝트》는 이 비전들을 구체적으로 가질 수 있도록 매 세션 끝에 '하나님의 계획, 우리의 사명'을 두고 있습니다.

《가스펠 프로젝트》의 또 다른 큰 특징은 교회 안에 여러 세대를 그리스도 안에서 하나님의 말씀으로 연결시켜 준다는 것입니다. 장년, 청소년, 그리고 어린이들이 매주 동일한 본문 말씀을 배움으로써 그리스도 안에서 하나의 교회 전통을 세워 갈 수 있으며, 교회와 가정에서 동일한 하나님의 말씀으로 소통하며 언어가 같은 하나님 나라 백성의 삶을 체험할 수 있습니다.

《가스펠 프로젝트》는 성경의 한 부분에만 머물러 있는 우리의 생각을 그리스도 안에서 넓혀 주고, 분열된 세대들의 생각을 그리스도 안으로 모아 줍니다. 한국 교회 성도들이《가스펠 프로젝트》를 통해 예수 그리스도를 아는 지식에서 자라 가고, 모든 믿음의 세대가 그리스도 안에서 아름다운 신앙의 전통을 이어 가는 일들이 일어나길 소망합니다.

신대현 _《가스펠 프로젝트》 주 강사

추천사

우리 시대의 전 세계적 교회 부흥은 두 가지 샘을 가지고 있습니다. 한 샘은 오순절 부흥 운동의 샘입니다. 이 샘으로 많은 시대의 목마른 영혼들이 목마름을 해갈했습니다. 또 하나의 샘은 성경 연구의 샘입니다. 남침례교 주일학교 운동은 이 샘의 개척자입니다. 이 샘으로 지금도 많은 성도가 목마름을 해갈하고 있습니다. 미국 남침례교 라이프웨이 출판사는 이러한 사역을 충실히 감당해 왔습니다. 《가스펠 프로젝트》는 모든 필요를 공급하는 원천이 될 것입니다. 《가스펠 프로젝트》로 한국 교회의 목마름이 해갈되기를 기도합니다. 《가스펠 프로젝트》는 쉬우면서도 결코 피상적이지 않습니다. 믿음의 단계를 따라 하나님의 자녀들에게 꼭 필요한 복음의 진수를 맛보게 해 줄 것입니다. 이 체계적인 교재로 이 땅에 새로운 영적 르네상스가 일어나기를 기대합니다.

이동원 _ 지구촌교회 원로 목사, 지구촌 미니스트리 네트워크 대표

《가스펠 프로젝트》는 예수 그리스도 중심, 즉 복음 중심의 제자 양육 교재입니다. 복음은 구원하는 능력뿐만 아니라 삶을 변화시키는 능력입니다. 성도들을 변화와 성숙으로 이끌어 주는 귀한 교재가 조국 교회와 이민 교회에 소중하게 쓰임받기를 바랍니다. 특별히 이민 2세들은 영어 교재 원본을 사용할 수 있는 까닭에 큰 도움이 될 것입니다.

강준민 _ LA 새생명비전교회 담임 목사

성경은 예수 그리스도를 중심으로 하는 하나님의 구원 이야기입니다. 성경을 가르치는 일은 하나님의 구원에 동참하는 하나님의 사람을 만드는 일이며, 하나님의 사람의 탁월한 모델은 바로 예수 그리스도입니다. 《가스펠 프로젝트》는 예수 그리스도를 중심으로 성경을 배웁니다. 성경이 어떻게 그리스도와 연결되어 있는지, 또 성도의 삶이 그리스도를 중심으로 하는 하나님의 구원 계획에 어떻게 연결되어야 하는지 구체적으로 제시합니다.

특히 《가스펠 프로젝트》는 하나의 본문을 각 연령에 맞게 구성한 교재를 제공해 하나의 본문으로 전 세대를 연결하고, 가정과 교회를 하나 되게 합니다. 신앙의 전수가 중요한 시대에 성도와 교회와 가정이 한마음으로 다음 세대를 준비시키기에 적합합니다. 특히 가정에서 부모가 자녀와 말씀으로 대화를 나눌 수 있게 하여 자녀 신앙 교육에 도움이 될 것입니다.

《가스펠 프로젝트》가 주일학교부터 장년에 이르기까지 전 교회와 성도의 각 가정에서 사용되어 예수 그리스도를 통한 하나님의 가스펠 프로젝트가 성취되기를 기도하면서 기쁨과 확신으로 추천합니다.

이재훈 _ 온누리교회 담임 목사

하나님의 말씀은 생명을 살리고 힘 있게 하는 능력이 있습니다. 그래서 사역 현장에서는 그것을 효율적으로 전해 주고 가르칠 수 있는 좋은 방법과 교재에 늘 목말라합니다. 그런 점에서 연령대에 맞게 체계적으로 준비되어 사역 현장의 필요를 잘 충족해 줄 교재가 출간되어 기쁩니다. 사역의 현장에서 유용하게 활용되어 복음의 생명력과 역동성을 누리게 되기를 기대하며 추천합니다.

김운용 _ 장로회신학대학교 실천 신학 교수

성경은 하나님의 말씀입니다. 말씀 중의 말씀, 복음은 예수 그리스도이십니다.《가스펠 프로젝트》는 하나님의 말씀으로 우리를 초청해서 예수 그리스도를 만나게 하고 사랑하게 만드는 훌륭한 교재입니다.《가스펠 프로젝트》의 매력은 하나의 커리큘럼을 가지고 연령대에 적합하게 공부하도록 제공한다는 점입니다. 자녀들이 교회 학교에서, 부모들이 소그룹에서 말씀을 공부한 후 저녁 식탁에 둘러 앉아 예수님에 대해 함께 나눌 수 있다는 것은, 상상만 해도 너무나도 멋지고 복된 일입니다.

김지철 _ 소망교회 담임 목사

예수님은 친히 요한복음 5장 39절에서, 모든 성경은 예수님 자신에 대한 증거라고 말씀하셨습니다. 그럼에도 불구하고, 성도들은 그 속에서 예수님이라는 보석을 쉽게 찾아내지 못하고 있습니다.《가스펠 프로젝트》는 신앙생활을 출발하는 어린이부터 장년까지 이런 눈을 활짝 열어 주는 놀라운 교재입니다. 요람에서부터 무덤까지 각 연령대에 맞게 구성된《가스펠 프로젝트》성경 공부 교재를 통해, 한국 교회와 이민 교회가 잃어버린 예수님을 다시 발견함으로 견고하게 되기를 바랍니다.

최병락 _ 달라스 세미한교회 담임 목사

성경을 공부한다는 것은 성경에 기록된 사실을 배우는 것이 아니라 성경이 가르치는 교리를 배우는 것입니다. 왜냐하면 성경은 독자에게 어떤 새로운 정보를 주기 위해 인간이 쓴 책이 아니라, 죄인인 인간에게 구원을 주기 위해 하나님이 쓰신 말씀이기 때문입니다. 그런데 이 구원의 도리인 교리를 성경 본문을 통해 배우기가 쉽지 않기 때문에 좋은 안내서가 필요합니다. 이번에 출간된《가스펠 프로젝트》는 이와 같은 역할을 탁월하게 수행하고 있기 때문에 기쁜 마음으로 추천합니다.

이성호 _ 고려신학대학원 역사 신학 교수

활용법

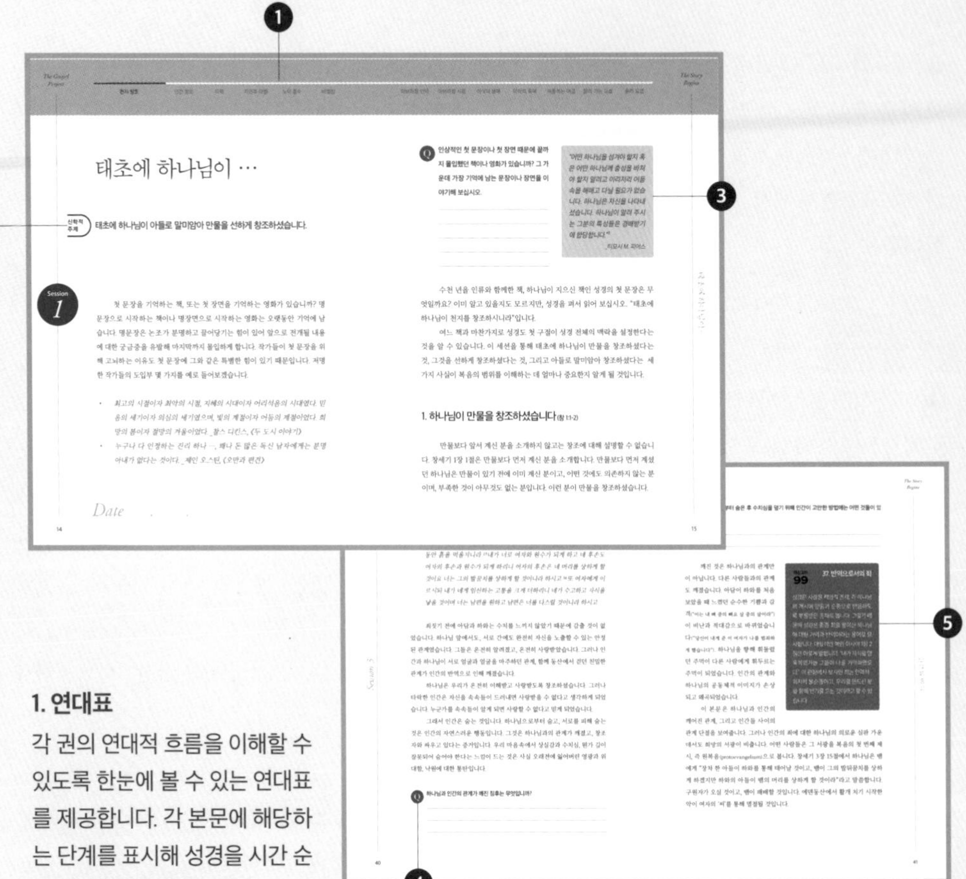

1. 연대표

각 권의 연대적 흐름을 이해할 수 있도록 한눈에 볼 수 있는 연대표를 제공합니다. 각 본문에 해당하는 단계를 표시해 성경을 시간 순으로 이해하도록 돕습니다.

2. 신학적 주제

하나님이 구속사에서 행하신 일에 초점을 맞춰 본문을 이해하도록 주제를 제시해 본문의 흐름을 놓치지 않도록 돕습니다.

3. 명언 등

세계 기독교 역사에서 영향력 있는 인물들의 명언이나 글 가운데 세션의 주제와 관련 있는 내용을 발췌하여 제공합니다.

4. 관찰 질문

본문을 구체적으로 이해하도록 하는 질문을 제공합니다. 이를 통해 생각의 폭을 넓히고 성경의 진리를 실제적으로 받아들이는 데 도움을 받을 수 있습니다.

5. 핵심교리 99

기독교 교리 가운데 핵심이 되는 99개의 내용을 추려 각 세션에 해당하는 교리를 제시합니다. 성경 본문에 대한 신학적 이해를 넓히는 데 도움을 받을 수 있습니다.

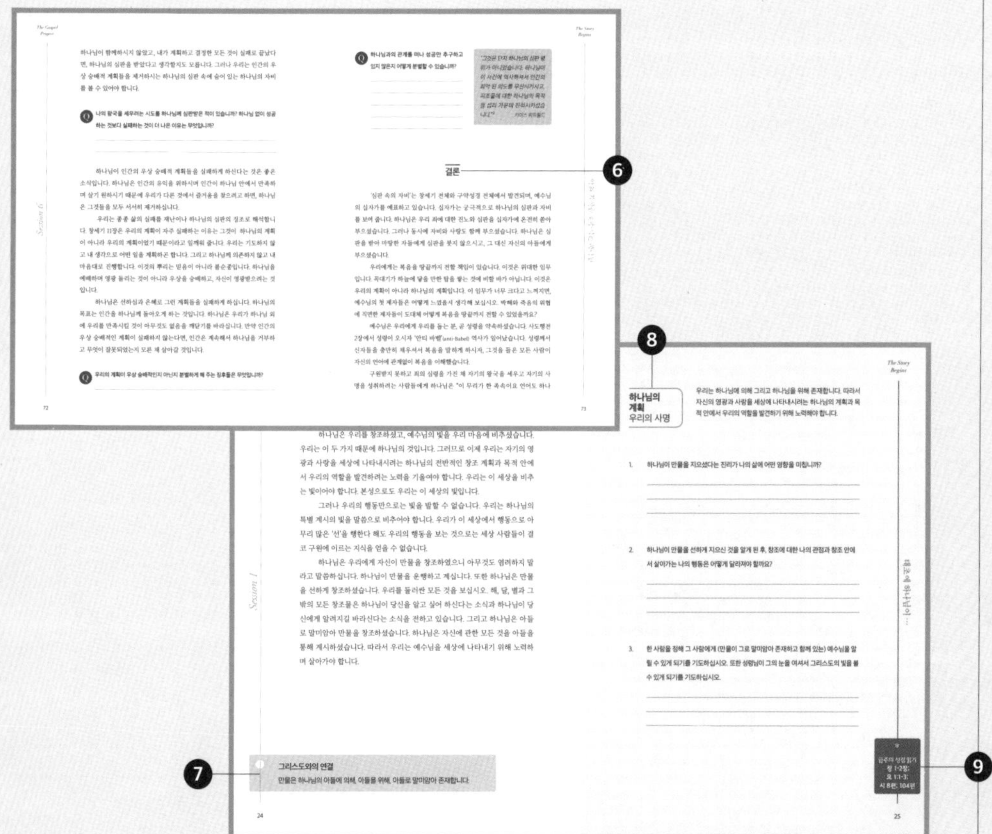

6. 결론

각 세션의 포인트를 정리하고 예수 그리스도와 연결해 세션의 결론을 제시합니다.

7. 그리스도와의 연결

해당 본문과 주제가 어떻게 예수 그리스도를 가리키며 연결되는지 자세히 살핍니다. 예수님과 각 세션 포인트의 상관성을 발견할 수 있도록 돕습니다.

8. 하나님의 계획, 우리의 사명

각 세션에서 드러난 하나님의 계획을 우리의 사명과 연결해 말씀을 구체적으로 삶에 적용하도록 돕습니다.

9. 금주의 성경 읽기

각 세션의 연대기적 흐름에 맞춰 한 주 동안 읽을 성경 본문을 제공합니다.

창조의 하나님

창세기 1-11장

Unit 1

암송 구절

하나님이 이르시되 우리의 형상을 따라 우리의 모양대로
우리가 사람을 만들고 그들로 바다의 물고기와 하늘의 새와 가축과
온 땅과 땅에 기는 모든 것을 다스리게 하자 하시고
하나님이 자기 형상 곧 하나님의 형상대로 사람을 창조하시되
남자와 여자를 창조하시고

창세기 1장 26-27절

태초에 하나님이 …

신학적 주제 **태초에 하나님이 아들로 말미암아 만물을 선하게 창조하셨습니다.**

Session 1

첫 문장을 기억하는 책, 또는 첫 장면을 기억하는 영화가 있습니까? 명문장으로 시작하는 책이나 명장면으로 시작하는 영화는 오랫동안 기억에 남습니다. 명문장은 논조가 분명하고 끌어당기는 힘이 있어 앞으로 전개될 내용에 대한 궁금증을 유발해 마지막까지 몰입하게 합니다. 작가들이 첫 문장을 위해 고뇌하는 이유도 첫 문장에 그와 같은 특별한 힘이 있기 때문입니다. 저명한 작가들의 도입부 몇 가지를 예로 들어보겠습니다.

- *최고의 시절이자 최악의 시절, 지혜의 시대이자 어리석음의 시대였다. 믿음의 세기이자 의심의 세기였으며, 빛의 계절이자 어둠의 계절이었다. 희망의 봄이자 절망의 겨울이었다. _찰스 디킨스, 《두 도시 이야기》*
- *누구나 인정하는 진리 가운데 하나는 바로 '재산이 많은 미혼 남자는 반드시 신붓감을 찾는다'는 것이다. _제인 오스틴, 《오만과 편견》*

Date

Q 인상적인 첫 문장이나 첫 장면 때문에 끝까지 몰입했던 책이나 영화가 있습니까? 그 가운데 가장 기억에 남는 문장이나 장면을 이야기해 보십시오.

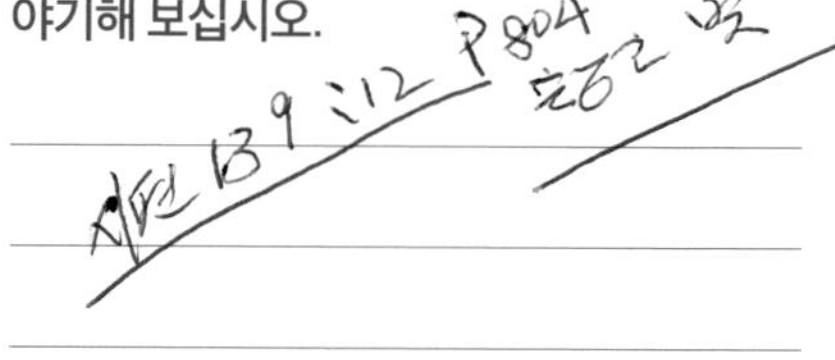

"어떤 하나님을 섬겨야 할지 혹은 어떤 하나님께 충성을 바쳐야 할지 알려고 이리저리 어둠 속을 헤매고 다닐 필요가 없습니다. 하나님은 자신을 나타내셨습니다. 하나님이 알려 주시는 그분의 특성들은 경배받기에 합당합니다."[1]

_티모시 M. 피어스

수천 년을 인류와 함께한 책, 하나님이 지으신 책인 성경의 첫 문장은 무엇일까요? 이미 알고 있을지도 모르지만, 성경을 펴서 읽어 보십시오. "태초에 하나님이 천지를 창조하시니라"입니다.

여느 책과 마찬가지로 성경도 첫 구절이 성경 전체의 맥락을 설정한다는 것을 알 수 있습니다. 이 세션을 통해 태초에 하나님이 만물을 창조하셨다는 것, 그것을 선하게 창조하셨다는 것, 그리고 아들로 말미암아 창조하셨다는 세 가지 사실이 복음의 범위를 이해하는 데 얼마나 중요한지 알게 될 것입니다.

1. 하나님이 만물을 창조하셨습니다 (창 1:1-2)

만물보다 앞서 계신 분을 소개하지 않고는 창조에 대해 설명할 수 없습니다. 창세기 1장 1절은 만물보다 먼저 계신 분을 소개합니다. 만물보다 먼저 계셨던 하나님은 만물이 있기 전에 이미 계신 분이고, 어떤 것에도 의존하지 않는 분이며, 부족한 것이 아무것도 없는 분입니다. 이런 분이 만물을 창조하셨습니다.

[1]태초에 하나님이 천지를 창조하시니라 [2]땅이 혼돈하고 공허하며 흑암이 깊음 위에 있고 하나님의 영은 수면 위에 운행하시니라

하나님은 창조 기록을 통해 하나님 자신과 관련해 무엇을 가르치려는 것일까요? 그리고 무엇 때문에 그렇게 자신을 알리시려고 했을까요?

왜 이스라엘 백성은 하나님이 만물을 창조하신 것을 알아야 했습니까?

모세 시대에 이스라엘 백성은 다음과 같은 질문을 놓고 고민했을 것입니다. "우리 하나님은 실제로 존재하시는 분인가? 그분은 지존하신 분인가? 전능하신 분인가?" 이스라엘 백성은 오랫동안 애굽의 신들 가운데 살았기 때문에 그들의 하나님이 유일하신 하나님인지 믿기 어려웠습니다.

하나님은 그들의 혼란스러운 생각을 바로잡아 주시기 위해 창세기 1장 1절을 쓰셨습니다. 이를 통해 그들이 어렸을 때 잠자리에서 듣던 조상들의 하나님이 바로 세상을 창조하신 그 하나님임을 깨닫게 해 주셨습니다. 가나안의 신들도, 블레셋의 신들도 아닌 이스라엘의 하나님이 만물의 창조자이시라는 사실을 말입니다. "여호와는 위대하시니 지극히 찬양할 것이요 모든 신들보다 경외할 것임이여 만국의 모든 신들은 우상들이지만 여호와께서는 하늘을 지으셨음이로다"(시 96:4-5).

왜 우리는 하나님이 만물을 창조하신 것을 알아야 합니까?

우리도 창세기의 첫 독자들과 다르지 않습니다. 나무 우상에 절하라는 유혹에는 넘어가지 않겠지만, 우리도 그들처럼 혼란에 빠질 수 있습니다.

순종에는 너무 큰 희생이 따르는 것 같아서 때때로 마음이 흔들립니다. '하나님은 정말 계시는가? 하나님은 나를 사랑하시는가? 하나님은 순종을 받으시기에 합당하신 분인가?' 이런 질문들 때문에 하나님에 대한 믿음이 흔들릴 때가 있습니다. 그럴 때 하나님은 우리에게 창세기 1장 1절을 이야기해 주십니다. "태초에 하나님이…." 존재하는 것이 아무것도 없을 때에도 하나님은 계셨습니다. 이 사실이 하나님을 향한 경외심을 자아내며, 우리의 모든 혼란을 잠재웁니다.

핵심 교리

Q 하나님이 만물을 창조하셨음을 알고난 후, 하나님에 대한 생각과 감정에 변화가 생겼습니까? 어떤 변화입니까?

핵심교리 99

26. 무(無)에서의 창조

성경은 하나님이 우주(보이는 것과 보이지 않는 모든 것)를 무(無)로부터 창조하셨다고 가르칩니다("무로부터의 창조"는 라틴어로 "*creatio ex nihilo*"라 표기함). 이것은 하나님이 창조하시기 전에는 하나님 외에 아무것도 없었다는 뜻입니다. 하나님만 영원하시고, 모든 피조물에는 시작이 있습니다. 그러므로 영원하신 하나님이 피조 세계 전체를 다스리시며, 하나님만이 예배를 받기에 합당하십니다. 이 교리를 부인하면 창조 세계에 대한 하나님의 주권과 섭리에 대한 다른 교리도 부인하는 것이 됩니다. 하나님이 무로부터 창조하신 창조 세계에는 의미와 목적이 있습니다. 세계는 우리를 창조주에게로 향하게 합니다.

2. 하나님이 만물을 선하게 창조하셨습니다 (창 1:3-25)

창조 이야기에서 알아야 할 두 번째 중요한 사실은 하나님이 만물을 창조하실 때 그것들을 '선하게' 창조하셨다는 것입니다. 이것은 무슨 의미일까요? 왜 하나님은 창조의 각 단계마다 좋았다고 말씀하셨을까요?

- 창조는 도덕적으로 선합니까? 그렇습니다. 하나님이 만물을 창조하셨을 때는 분명히 창조물에 죄가 없었습니다.
- 창조는 보기에 아름답습니까? 그렇습니다. 하나님의 창조물이 지닌 아름다움은 굳이 오래 바라보지 않아도 한눈에 들어옵니다.

- 창조는 유용합니까? 그렇습니다. 창조는 하나님의 목적과 의도를 잘 드러내고 있습니다.

"하나님은 자신이 능력으로 지으신 창조 세계의 통치자이십니다. 우리가 절망할 필요가 없는 이유는 그분이 온 세상을 붙들고 계시며, 성령님이 사람의 마음을 채워 주실 수 있기 때문입니다."[2] _빌리 그레이엄

그렇다면 창조의 목적과 의도는 무엇일까요? 창조의 목적과 의도는 하나님의 영광을 선포하고 그분의 손으로 하신 일을 나타내는 것입니다(시 19:1). 그리고 인간의 눈에는 보이지 않는 하나님을 드러내는 것입니다(롬 1:20). 창조는 하나님의 영원하신 능력과 신성을 드러내 우리로 하여금 하나님이 어떤 분인지를 분명히 보고 이해할 수 있게 해 줍니다.

Q 최근에 하나님의 창조의 선하심을 경험한 적이 있습니까?

Q 그 경험은 하나님에 관해 무엇을 말해 줍니까?

하나님의 계시에는 두 종류가 있습니다. '일반 계시'와 '특별 계시'입니다. 먼저 하나님의 일반 계시에 대해 살펴보겠습니다.

일반 계시

일반 계시는 내용과 범위가 일반적입니다. 내용 면에서 일반 계시는 하나님에 관해 전반적이고 일반적인 지식을 제공합니다. 예를 들어 일반 계시는 '하나님은 능력이 있으시다'와 같은 진리는 계시할 수 있어도 '하나님이 아들, 곧 예수님을 보내셔서 세상을 구원하셨다'와 같은 특별한 정보는 계시할 수 없습니다. 또한 일반 계시는 범위 면에서도 일반적이기 때문에 모든 사람이 그 대상입니다. 일반 계시는 특정 그룹의 사람에게 초점을 두지 않고, 모든 사람에게 어떤 것을 계시합니다. 창조는 일반 계시의 주요 수단 중 하나입니다.

창세기 1장의 창조 이야기는 사흘씩 두 세트로 나뉘어 있습니다. 3절에서 하나님이 말씀하시기 전의 땅은 혼돈하고 공허하며 어둡습니다(창 1:2). 첫 세트에 속한 날들은(창 1:3-13) 창조 전의 어두움과 혼돈을 다룹니다.

> *3하나님이 이르시되 빛이 있으라 하시니 빛이 있었고 4빛이 하나님이 보*
> *시기에 좋았더라 하나님이 빛과 어둠을 나누사 5하나님이 빛을 낮이라*
> *부르시고 어둠을 밤이라 부르시니라 저녁이 되고 아침이 되니 이는 첫*
> *째 날이니라 6하나님이 이르시되 물 가운데에 궁창이 있어 물과 물로 나*
> *뉘라 하시고 7하나님이 궁창을 만드사 궁창 아래의 물과 궁창 위의 물로*
> *나뉘게 하시니 그대로 되니라 8하나님이 궁창을 하늘이라 부르시니라*
> *저녁이 되고 아침이 되니 이는 둘째 날이니라 9하나님이 이르시되 천하*
> *의 물이 한 곳으로 모이고 뭍이 드러나라 하시니 그대로 되니라 10하나*
> *님이 뭍을 땅이라 부르시고 모인 물을 바다라 부르시니 하나님이 보시*
> *기에 좋았더라 11하나님이 이르시되 땅은 풀과 씨 맺는 채소와 각기 종*
> *류대로 씨 가진 열매 맺는 나무를 내라 하시니 그대로 되어 12땅이 풀과*
> *각기 종류대로 씨 맺는 채소와 각기 종류대로 씨 가진 열매 맺는 나무를*
> *내니 하나님이 보시기에 좋았더라 13저녁이 되고 아침이 되니 이는 셋째*
> *날이니라*

하나님이 혼돈 속에 빛과 형태와 질서를 부여하시는 것이 보입니까? 하나님이 그렇게 하신 이유를 기억하십시오. 하나님은 낮과 밤, 하늘과 땅, 그리고 바다를 창조하심으로써 자신을 계시하셨습니다.

Q 첫째 날부터 셋째 날까지 창조된 영역들이 선하고, 아름다우며, 유용한 이유는 무엇입니까? 이 창조 영역들은 하나님에 관해 무엇을 계시합니까?

두 번째 세트에 속한 날들(창 1:14-25)에서 하나님은 창조하신 공간을 채우십니다.

*[14]하나님이 이르시되 하늘의 궁창에 광명체들이 있어 낮과 밤을 나뉘게
하고 그것들로 징조와 계절과 날과 해를 이루게 하라 [15]또 광명체들이
하늘의 궁창에 있어 땅을 비추라 하시니 그대로 되니라 [16]하나님이 두 큰
광명체를 만드사 큰 광명체로 낮을 주관하게 하시고 작은 광명체로 밤
을 주관하게 하시며 또 별들을 만드시고 [17]하나님이 그것들을 하늘의 궁
창에 두어 땅을 비추게 하시며 [18]낮과 밤을 주관하게 하시고 빛과 어둠
을 나뉘게 하시니 하나님이 보시기에 좋았더라 [19]저녁이 되고 아침이 되
니 이는 넷째 날이니라 [20]하나님이 이르시되 물들은 생물을 번성하게 하
라 땅 위 하늘의 궁창에는 새가 날으라 하시고 [21]하나님이 큰 바다 짐승
들과 물에서 번성하여 움직이는 모든 생물을 그 종류대로, 날개 있는 모
든 새를 그 종류대로 창조하시니 하나님이 보시기에 좋았더라 [22]하나님
이 그들에게 복을 주시며 이르시되 생육하고 번성하여 여러 바닷물에
충만하라 새들도 땅에 번성하라 하시니라 [23]저녁이 되고 아침이 되니 이
는 다섯째 날이니라 [24]하나님이 이르시되 땅은 생물을 그 종류대로 내되
가축과 기는 것과 땅의 짐승을 종류대로 내라 하시니 그대로 되니라 [25]하
나님이 땅의 짐승을 그 종류대로, 가축을 그 종류대로, 땅에 기는 모든
것을 그 종류대로 만드시니 하나님이 보시기에 좋았더라*

모든 창조 영역에 형태를 부여하신 하나님이 이제는 그것들을 채우십니다. 이번에도 하나님이 창조하신 것들은 하나님이 어떤 분인지를 세상에 나타냅니다.

Q 넷째 날부터 여섯째 날까지 창조된 것들이 선하고, 아름다우며, 유용한 이유는 무엇입니까? 이 창조물들은 하나님에 관해 무엇을 계시합니까?

핵심교리 99

27. 창조의 선함

창세기 1장에서 하나님이 창조하신 모든 것은 하나님이 보시기에 좋았습니다. 심지어는 심히 좋았습니다(창 1:31 참조). 하나님이 그것들이 좋았다고 판단하신 이유는 창조하신 그것들이 창조자의 선하신 본성을 반영하고 드러냈기 때문입니다. 그러므로 죄와 악은 창조의 기본 요소가 아닌 창조의 부패로 보아야 합니다. 죄의 결과로 인해 창조가 손상되고 일그러졌지만, 하나님이 그것을 운행하고 계시기에 여전히 창조는 선하고, 또한 하나님의 영광을 세상에 선포하는 목적을 수행하고 있습니다. 하나님의 백성은 하나님의 창조의 선하심을 증언하고 보존하기 위해 노력해야 합니다(2:15).

처음 엿새 이래로 창조는 그 목적을 이루면서 모든 사람에게 하나님을 알리고 있습니다(롬 1:20-21). 그러나 모든 사람이 하나님에 관한 진리를 알고 있음에도 불의가 그 진리를 막고 있습니다(롬 1:18, 타락한 인류에 대해서는 곧 더 살펴볼 것입니다).

그렇지만 우리는 여전히 전도와 선교에 대한 소망을 가지고 있습니다. 우리가 할 수 있는 일은, 진리를 알면서도 훼방하는 일을 그만두게 하는 것입니다. 하나님은 일반 계시보다 더 큰 계시, 곧 하나님의 아들이신 예수님을 통한 특별 계시로 이 일을 성취하십니다.

3. 하나님이 아들로 말미암아 만물을 창조하셨습니다

(고전 8:5-6)

5비록 하늘에나 땅에나 신이라 불리는 자가 있어 많은 신과 많은 주가 있
으나 6그러나 우리에게는 한 하나님 곧 아버지가 계시니 만물이 그에게
서 났고 우리도 그를 위하여 있고 또한 한 주 예수 그리스도께서 계시니
만물이 그로 말미암고 우리도 그로 말미암아 있느니라

이 본문의 시각으로 창조 이야기를 다시 읽어 보면 다음과 같은 의문이 생길 수 있습니다. '성령님이 운행하시고 성부 하나님이 말씀하신 것은 알겠는데, 아들 예수님은 어디에 계신 거지?' 하나님이 말씀하셔서 만물이 하나씩 존재를 드러낼 때마다 아들 예수님도 거기에 계셨습니다(요 1:1-3). 만물은 하나님의 아들로 인해 존재합니다.

하나님이 아들로 말미암아 만물을 창조하신 것을 알고 난 후, 예수님에 대한 생각과 감정에 변화가 생겼습니까? 어떤 변화입니까?

특별 계시

하나님이 아들로 말미암아 만물을 창조하신 것이 왜 중요합니까? 하나님이 아들을 통해 우리에게 특별 계시를 주시기 때문입니다. 특별 계시는 내용과 범위가 구체적입니다. 내용 면에서 특별 계시는 하나님의 능력과 본질에 관해 일반적으로 계시할 뿐 아니라 하나님의 복음을 구체적인 말씀으로 계시합니다. '구체적인 말씀'이란 바로 하나님이 아들의 십자가와 부활을 통해 백성을 구원하시려는 구속 계획입니다. 범위 면에서 특별 계시는 특정 시간에 특정 장소에서 특정 사람에게 주어집니다.

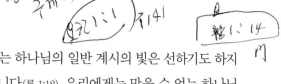

창세기 1장 3절에서 시작하는 하나님의 일반 계시의 빛은 선하기도 하지만 사람들로 인해 막혀 있기도 합니다(롬 1:18). 우리에게는 막을 수 없는 하나님의 빛이 비추는 것이 필요합니다. 바로 '하나님의 특별 계시의 빛'입니다. 이 막을 수 없는 빛은 단지 전자기 광선이 아닙니다. 이 빛은 한 인격이며 그 이름은 바로 '예수'입니다. "어두운 데에 빛이 비치라 말씀하셨던 그 하나님께서 예수 그리스도의 얼굴에 있는 하나님의 영광을 아는 빛을 우리 마음에 비추셨느니라"(고후 4:6).

이 두 계시, 곧 이 두 빛이 서로 만나 하나로 모이는 곳이 있습니다. 이곳에서 하나님은 자신을 일반적으로 계시하기도 하시고, 특별하게 계시하기도 하십니다. 그곳은 바로 '신자의 마음'입니다.

먼저 신자는 한 인간으로서 하나님의 창조의 절정인 인류를 대표합니다(인간 창조는 제6일에 일어났으며, 세션 2의 초점입니다). 우리는 하나님의 일반 계시 가운데 가장 큰 빛입니다. 신자의 신분으로서 우리는 하나님의 특별 계시의 더 큰 빛, 곧 예수 그리스도의 빛을 품은 자들입니다. 이런 이유에서 성경은 예수님과 함께 우리도 빛이라고 말씀합니다.

14너희는 세상의 빛이라 산 위에 있는 동네가 숨겨지지 못할 것이요 15사람이 등불을 켜서 말 아래에 두지 아니하고 등경 위에 두나니 이러므로 집 안 모든 사람에게 비치느니라 16이같이 너희 빛이 사람 앞에 비치게 하여 그들로 너희 착한 행실을 보고 하늘에 계신 너희 아버지께 영광을 돌리게 하라

Q 세상의 빛인 우리가 사람들을 세상의 빛이신 예수님께로 이끌 수 있는 방법은 무엇일까요?

결론

하나님은 우리를 창조하셨고, 예수님의 빛을 우리 마음에 비추셨습니다. 우리는 이 두 가지 때문에 하나님의 것입니다. 그러므로 이제 우리는 자기의 영광과 사랑을 세상에 나타내시려는 하나님의 전반적인 창조 계획과 목적 안에서 우리의 역할을 발견하려는 노력을 기울여야 합니다. 우리는 이 세상을 비추는 빛이어야 합니다. 본성으로도 우리는 이 세상의 빛입니다.

그러나 우리의 행동만으로는 빛을 발할 수 없습니다. 우리는 하나님의 특별 계시의 빛을 말씀으로 비추어야 합니다. 우리가 이 세상에서 행동으로 아무리 많은 '선'을 행한다 해도 우리의 행동을 보는 것으로는 세상 사람들이 결코 구원에 이르는 지식을 얻을 수 없습니다.

하나님은 우리에게 자신이 만물을 창조하였으니 아무것도 염려하지 말라고 말씀하십니다. 하나님이 만물을 운행하고 계십니다. 또한 하나님은 만물을 선하게 창조하셨습니다. 우리를 둘러싼 모든 것을 보십시오. 해, 달, 별과 그 밖의 모든 창조물은 하나님이 당신을 알고 싶어 하신다는 소식과 하나님이 당신에게 알려지길 바라신다는 소식을 전하고 있습니다. 그리고 하나님은 아들로 말미암아 만물을 창조하셨습니다. 하나님은 자신에 관한 모든 것을 아들을 통해 계시하셨습니다. 따라서 우리는 예수님을 세상에 나타내기 위해 노력하며 살아가야 합니다.

그리스도와의 연결

만물은 하나님의 아들에 의해, 아들을 위해, 아들로 말미암아 존재합니다.

하나님의 계획
우리의 사명

우리는 하나님에 의해 그리고 하나님을 위해 존재합니다. 따라서 자신의 영광과 사랑을 세상에 나타내시려는 하나님의 계획과 목적 안에서 우리의 역할을 발견하기 위해 노력해야 합니다.

1. 하나님이 만물을 지으셨다는 진리가 나의 삶에 어떤 영향을 미칩니까?

2. 하나님이 만물을 선하게 지으신 것을 알게 된 후, 창조에 대한 나의 관점과 창조 안에서 살아가는 나의 행동은 어떻게 달라져야 할까요?

3. 한 사람을 정해 그 사람에게 (만물이 그로 말미암아 존재하고 함께 있는) 예수님을 알릴 수 있게 되기를 기도하십시오. 또한 성령님이 그의 눈을 여셔서 그리스도의 빛을 볼 수 있게 되기를 기도하십시오.

*
금주의 성경 읽기
창 1-2장;
요 1:1-3;
시 8편; 104편

3/11/2018

하나님의 형상

신학적 주제

하나님은 자신의 형상대로 사람을 창조하셔서 세상을 지혜롭게 다스리게 하시고, 하나님 그리고 타인과 관계를 맺으며, 일과 안식의 리듬을 따르게 하셨습니다.

Session 2

출산을 앞둔 부모는 아기를 맞을 준비를 하느라 많은 시간과 돈을 사용합니다. 아기 방을 준비하고 아기 침대, 욕조, 모빌, 아기 의자 등 이전에는 필요 없었던 물건들을 구입하며 가족의 새 구성원이 될 아기를 맞을 준비를 합니다. 그리고 마침내 그 순간이 찾아옵니다. 갓난아이를 품에 안은 첫 순간, 부모가 느끼는 감격은 형언할 수 없습니다. 다음과 같은 말 외에 그때의 느낌을 표현할 길이 없습니다. "아가, 내 것이 다 네 것이란다!"

이것은 태초에 창조자의 마음과 비슷할 것입니다. 하나님은 "우리의 형상을 따라 우리가 사람을 만들고"라고 말씀하셨고(창 1:26), 사람을 창조하신 후에는 자녀들에게 경이로운 선언을 하시며, 하나님이 보시기에 사람이 얼마나 특별한 가치를 지녔는지 알려 주셨습니다(창 1:28-30). "내가 창조한 모든 것이 네 것이니라!"

3/11/2018

Date . .

Q 인간이 '하나님의 형상대로' 만들어진 것을 떠올리면 어떤 생각이 듭니까?

> "성경적 인간 이해의 가장 독특한 점은 '사람이 하나님의 형상대로 창조되었다'는 가르침입니다."[1] _안토니 호크마

Q 이 진리는 하나님이 지으신 다른 창조와 비교할 때 사람이 어떤 독특함을 지니고 있다고 가르칩니까?

이 세션에서는 하나님이 자신의 형상대로 사람을 창조하셔서 하나님을 영화롭게 하고, 하나님을 영원히 즐거워할 수 있도록 하셨다는 성경의 진리를 살펴볼 것입니다. 우리가 하나님을 반영하는 길은 세상을 지혜롭게 다스리고, 하나님 그리고 다른 사람들과 올바르게 관계하고, 일과 안식의 리듬 가운데 하나님의 선하심을 나타내는 것입니다.

1. 우리는 세상을 지혜롭게 다스리는 모습으로 하나님을 반영합니다 (창 1:26-31)

하나님은 세상과 만물을 창조하신 후 첫 사람을 창조하셨습니다. 그에게 바다의 물고기와 공중의 새와 땅의 모든 피조물을 다스리라고 명령하셨습니다. 땅에 충만하고 땅을 정복하라고 명령하신 것은 하나님의 형상을 감당하라는 '초청'입니다. 하나님이 하늘과 땅을 창조할 때 하셨던 그 일을 행함으로써 우리는 하나님을 반영합니다. 다음 성경 본문을 읽어 보십시오.

하나님이 이르시되 우리의 형상을 따라 우리의 모양대로 우리가 사람을 만들고 그들로 바다의 물고기와 하늘의 새와 가축과 온 땅과 땅에 기는 모든 것을 다스리게 하자 하시고 하나님이 자기 형상 곧 하나님의 형상대로 사람을 창조하시되 남자와 여자를 창조하시고 하나님이 그들에게 복을 주시며 하나님이 그들에게 이르시되 생육하고 번성하여 땅에 충만하라, 땅을 정복하라, 바다의 물고기와 하늘의 새와 땅에 움직이는 모든 생물을 다스리라 하시니라 하나님이 이르시되 내가 온 지면의 씨 맺는 모든 채소와 씨 가진 열매 맺는 모든 나무를 너희에게 주노니 너희의 먹을거리가 되리라 또 땅의 모든 짐승과 하늘의 모든 새와 생명이 있어 땅에 기는 모든 것에게는 내가 모든 푸른 풀을 먹을거리로 주노라 하시니 그대로 되니라 하나님이 지으신 그 모든 것을 보시니 보시기에 심히 좋았더라 저녁이 되고 아침이 되니 이는 여섯째 날이니라

"땅에 충만하라. 땅을 정복하라. 땅을 다스리라." 하나님은 이 세상이 너희를 위한 것이라고 말씀하셨습니다. 말씀을 통해 하나님이 통치자이심과 하나님의 형상을 지닌 우리도 다스리는 자임을 알 수 있습니다. 그러나 우리가 하나님을 올바르게 반영하려면 먼저 지혜롭게 다스리는 법을 배워야 합니다.

Q 나의 삶의 영역 중 권위를 부여받은 영역이 있습니까?

Q 권위를 어떻게 사용해야 창조 세계에 혼란과 고통이 아닌 질서와 평화를 가져올 수 있을까요?

바다의 물고기, 공중의 새, 심지어 벌레까지 하나님이 우리에게 돌보라고 주신 창조물이라는 생각을 해 본 적이 있습니까? 하나님은 이 창조물들을 우리가 돌보길 원하십니다. 그런데 안타깝게도 인간은 죄성으로 인해 창조물을 숭배하거나 남용하는 성향을 가지고 있습니다(인류의 타락은 Session 3에서 다룰 것입니다). 우리가 받은 권위의 영역들에서도 마찬가지입니다. 권위를 남용하거나 방치하는 것은 하나님께 불순종하는 것입니다. 사랑스럽고 지혜로운 방식으로 주어진 권위를 행사할 때, 우리 안에 있는 하나님의 형상이 가장 분명하게 드러납니다.

"인간이 창조물을 다스리는 것은 하나님의 왕권을 반영하는 왕권 행사입니다. 하나님의 형상은 거만하게 남용하라고 준 허가증이 아니라, 하나님의 성품을 겸손히 반영하라고 주신 것입니다."[2] _크리스토퍼 라이트

Q 권위를 가지고 영향력을 행사하는 영역을 한 가지 떠올려 보십시오. 권위를 남용하거나 방임해서 곤란에 처한 적이 있습니까?

Q 다른 사람이 권위를 남용하거나 방임하는 것을 본 적이 있습니까?

2. 우리는 하나님, 그리고 다른 사람들과 관계 맺는 모습으로 하나님을 반영합니다(창 2:4-9, 16-25)

하나님과의 관계, 그리고 다른 사람과의 관계를 통해서도 하나님을 반영할 수 있습니다(창 2장). 하나님은 인간을 제외한 다른 모든 것을 창조하실 때 명령으로 자신의 능력을 나타내셨습니다. 하지만 인간은 "인간이 있으라"와 같은 말로 창조하지 않으시고 손수 지으셨습니다. 친밀함을 인간에게 보이신 것입니다. 하나님은 흙으로 아담을 지으신 후 모양을 만드시고 그 코에 생기를 불어넣으셨습니다.

4 이것이 천지가 창조될 때에 하늘과 땅의 내력이니 여호와 하나님이 땅
과 하늘을 만드시던 날에 5 여호와 하나님이 땅에 비를 내리지 아니하셨
고 땅을 갈 사람도 없었으므로 들에는 초목이 아직 없었고 밭에는 채소
가 나지 아니하였으며 6 안개만 땅에서 올라와 온 지면을 적셨더라 7 여호
와 하나님이 땅의 흙으로 사람을 지으시고 생기를 그 코에 불어넣으시니
사람이 생령이 되니라 8 여호와 하나님이 동방의 에덴에 동산을 창설하
시고 그 지으신 사람을 거기 두시니라 9 여호와 하나님이 그 땅에서 보기
에 아름답고 먹기에 좋은 나무가 나게 하시니 동산 가운데에는 생명 나
무와 선악을 알게 하는 나무도 있더라

하나님의 형상을 지닌다는 것은 하나님과 관계가 있다는 뜻입니다. 하나님은 인간을 단순히 말로 만들지 않으시고, 손으로 만드셨습니다. 인간과의 관계를 의도하셨기 때문에 능력뿐 아니라 친밀함으로 인간을 창조하셨습니다. 하나님이 친히 얼굴을 우리에게 향하시고 첫 사람에게 생기를 불어 넣으신 창세기 2장의 인상은 강렬합니다. 거울에 물건을 잘 비추려면 거울 바로 앞에 제대로 놓아야 하듯이, 우리도 하나님과 친밀한 관계에 있어야만 그분을 가장 잘 비추며 그분의 모습을 가장 잘 반영할 수 있습니다.

핵심교리 **99** **34. 하나님의 형상**

사람 안에 있는 하나님의 형상은 우리의 본성과 행위와 관계 형성 능력 안에 반영되어 있는 하나님의 속성들이라고 이해할 수 있습니다. 우리는 예수님 안에서 하나님의 참된 형상을 볼 수 있습니다. 예수님은 하나님의 속성들을 완벽하게 보여 주시고, 하나님의 뜻을 성취하시며, 아버지와 완전한 관계를 맺고 계십니다. 죄로 인해 타락한 후 하나님의 모습을 나타낼 수 있는 능력이 손상되었음에도 불구하고, 성경은 계속해서 사람 안에 있는 하나님의 형상에 대해 말씀합니다.

Q 하나님과의 관계가 내 삶의 최우선이라는 것을 구체적으로 보여 줄 수 있습니까?

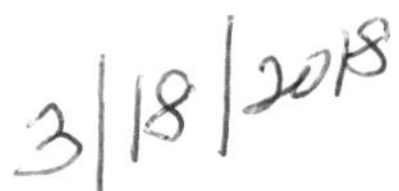

Q 하나님과의 관계가 내 삶의 우선순위가 아닌 증거에는 어떤 것들이 있습니까?

사람이 하나님의 형상을 지녔다는 것은 인간과 하나님의 관계에만 국한되지 않습니다. 하나님은 사람을 '남자와 여자'로 창조하셨습니다. 성부, 성자, 성령의 교제 가운데 존재하시는 하나님은 인간도 서로 교제하며 살도록 창조하셨습니다. 이어지는 창세기 2장의 말씀을 계속 보겠습니다.

16여호와 하나님이 그 사람에게 명하여 이르시되 동산 각종 나무의 열매
는 네가 임의로 먹되 17선악을 알게 하는 나무의 열매는 먹지 말라 네가
먹는 날에는 반드시 죽으리라 하시니라 18여호와 하나님이 이르시되 사
람이 혼자 사는 것이 좋지 아니하니 내가 그를 위하여 돕는 배필을 지으
리라 하시니라 19여호와 하나님이 흙으로 각종 들짐승과 공중의 각종 새
를 지으시고 아담이 무엇이라고 부르나 보시려고 그것들을 그에게로 이
끌어 가시니 아담이 각 생물을 부르는 것이 곧 그 이름이 되었더라 20아
담이 모든 가축과 공중의 새와 들의 모든 짐승에게 이름을 주니라 아담
이 돕는 배필이 없으므로 21여호와 하나님이 아담을 깊이 잠들게 하시니
잠들매 그가 그 갈빗대 하나를 취하고 살로 대신 채우시고 22여호와 하
나님이 아담에게서 취하신 그 갈빗대로 여자를 만드시고 그를 아담에게
로 이끌어 오시니 23아담이 이르되 이는 내 뼈 중의 뼈요 살 중의 살이라
이것을 남자에게서 취하였은즉 여자라 부르리라 하니라 24이러므로 남
자가 부모를 떠나 그의 아내와 합하여 둘이 한 몸을 이룰지로다 25아담
과 그의 아내 두 사람이 벌거벗었으나 부끄러워하지 아니하니라

이 말씀에서 두 가지 사실이 눈에 띕니다. 첫째, 하나님과의 관계에는 '순종'이 따른다는 사실입니다. 아담에게 땅을 지혜롭게 다스리라고 명령하신 하나님과, 아담에게 선악을 알게 하는 나무의 열매를 먹지 말라고 경고하신 하나님은 같은 분입니다. 하나님과의 관계는 신뢰 위에 세워져야 하기 때문에 하나님은 아담에게 특정한 한 나무를 금하셔서 하나님을 신뢰하거나 신뢰하지 않을 선택권을 주셨습니다.

둘째, 하나님과의 관계를 잘 일구기 위해서는 하나님과의 관계를 '하나님과 나 사이'의 문제로만 국한시키지 않아야 한다는 사실입니다. 하나님과의 관계는 사적이거나 개별적인 것이 아닙니다. 그리스도인 중에는 하나님의 사람들과 어울리지 않고 오직 하나님과 어울리는 것만 좋아하는 사람들이 있습니다. 아담의 경우를 보면 하나님이 원하시는 것은 그러한 것이 아님을 알 수 있습니다.

자신이 창조한 것을 보고 여러 번 "좋았더라"라고 말씀하신 하나님이 처음으로 "좋지 아니하니"라고 말씀하신 순간이 있습니다. 바로 하나님이 지으신 남자가 혼자 있는 모습을 보셨을 때입니다. 홀로 동떨어져서 하나님과만 관계하는 것은 하나님의 창조 목적, 즉 우리를 하나님의 형상으로 창조하신 목적에 어긋납니다. 하나님의 사랑과 은혜로 다른 사람들과 관계하며 친교할 때 하나님을 가장 잘 반영할 수 있습니다.

Q 다른 사람들과 올바른 관계를 맺으려고 노력하지 않고 하나님과 올바른 관계를 맺을 수 있을까요?

3. 우리는 일하고 안식하는 리듬으로 하나님을 반영합니다

(창 2:1-3, 15)

15 여호와 하나님이 그 사람을 이끌어 에덴동산에 두어 그것을 경작하며 지키게 하시고

많은 그리스도인이 하나님께 범죄하고 반역한 결과로 일하라는 명령이 내려졌다고 생각합니다. 그러나 성경은, 하나님이 사람의 일을 선한 세상의 한 부분으로 세워 놓으셨다고 말합니다. 일은 아름답고, 선하며, 목적이 분명합니다.

일은 죄로 타락한 사람에게 하나님이 저주로 내리신 것이 아닙니다. 힘겨운 수고는 죄로 인한 것이지만, 일 자체는 우리에게 성취감과 하나님을 표현하고 반영할 환경을 제공하기 위해 타락 이전부터 구상된 것이었습니다.

Q 우리의 문화는 어떤 식으로 일의 가치를 비하하고 편하합니까?

Q 종종 교회는 어떤 식으로 일의 가치를 폄하해서 일을 '세속적인 것' 또는 '비종교적인 것'으로 생각하게 합니까?

천지와 만물이 다 이루어지니라 하나님이 그가 하시던 일을 일곱째 날에 마치시니 그가 하시던 모든 일을 그치고 일곱째 날에 안식하시니라 하나님이 그 일곱째 날을 복되게 하사 거룩하게 하셨으니 이는 하나님이 그 창조하시며 만드시던 모든 일을 마치시고 그 날에 안식하셨음이니라

하나님이 안식하신 이유는 피곤하거나 탈진하셨기 때문이 아닙니다. 그것은 우리에게 안식의 모범을 보이기 위함입니다. 다른 피조물과 달리 하나님을 닮은 모습으로 지어진 인간이지만, 안식을 통해 인간은 하나님이 아니라는 사실을 알 수 있습니다. 하나님과 사람 사이에는 메울 수 없는 간극이 있습니다. 우리가 하나님을 세상에 잘 반영하는 방법 가운데 하나는 우리가 하나님이 아님을 보여 주는 것입니다.

지쳐 있습니까? 영육이 모두 탈진해 있습니까? 하나님이 주시는 안식을 소중한 선물로 받으십시오. 세상의 무질서한 리듬을 거부하고 하나님이 태초부터 사람을 위해 계획하신 지혜와 축복의 리듬을 따라 사십시오.

Q 사람들이 일을 내려놓고 쉬지 못하는 이유는 무엇입니까?

Q 당신이 쉬지 못하는 이유는 무엇입니까?

결론

하나님의 형상을 지닌다는 것은 가슴 벅찬 임무를 가지고 있다는 뜻입니다. 당신이 반영하는 형상을 보고 세상이 하나님에 대해 어떤 결론을 내릴 것 같습니까? 우리가 하나님을 세상에 올바르게 반영하지 못하는 것은 결코 작은 죄가 아닙니다. 우리가 하나님의 형상으로서 제대로 살아내지 못하면 하나님이 세상으로부터 비난받게 되기 때문입니다. 하나님의 형상으로서 제대로 살지 못하는 것은 세상에 하나님과 그분의 뜻을 거짓으로 전하는 것과 같습니다.

그러나 영광스러운 좋은 소식이 있습니다. 예수님이 우리를 위해 오셔서 보이지 않는 하나님의 완전한 형상이 되셨다는 사실입니다. 만약 하나님의 모습을 세상에 보여 주는 길이 나를 반영하는 것에 전적으로 달려 있다면, 사람들은 하나같이 우리가 비추는 하나님을 거부할 것입니다. 우리는 하나님을 모든 면에서 올바르게 반영할 수 없기 때문입니다. 바로 이것이 우리가 사람들을 예수님께로 이끌어야 할 중요한 이유입니다.

그리스도와의 연결

예수님은 보이지 않는 하나님의 완전한 형상이십니다. 세상을 지혜롭게 다스리시고, 하나님이나 다른 사람들과 완전하게 관계하시고, 자기 일을 통해 우리에게 영원한 안식을 주시는 유일하신 분입니다.

하나님의 계획
우리의 사명

하나님은 우리가 하나님, 그리고 다른 사람들과의 관계를 적극적으로 일구어 이 땅에서 청지기 역할을 감당하게 하시려고 우리를 부르셨습니다.

1. 창세기 1장 28절은 우리에게 하나님이 주신 세상을 지혜롭게 다스리라고 명령합니다. 우리는 어떻게 해야 이 명령을 따를 수 있습니까?

2. 우리는 하나님의 형상을 공유하고 있습니다. 내가 다른 사람들(가족, 친구, 원수, 소외된 자, 잃어버린 영혼)과 관계하는 방식에서 바뀌어야 할 부분이 있습니까? 어떻게 바뀌어야 할까요?

3. 일과 안식의 리듬이 예수 그리스도에 관한 복음 증거를 어떻게 도울 수 있습니까?

*

금주의 성경 읽기
창 3-7장

인간의 반역

신학적 주제

죄는 우리와 하나님, 사람들, 그리고 세상과의 관계를 깨뜨립니다.

Session 3

세션 2에서 우리는 하나님이 에덴동산에서 단 한 가지를 금지하셨다는 것을 배웠습니다. "선악을 알게 하는 나무의 열매는 먹지 말라." 그 이상의 자세한 설명은 없었습니다. 불순종할 때 겪게 될 결과에 대한 간단한 경고뿐이었습니다.

가령 하나님이 이렇게 말씀하실 수도 있었을 것입니다. "너 자신과 인류 전체가 나에게서 추방되어 죽음에 이르게 될 것이다. 고통, 혼란, 억압, 전쟁이 있을 것이다. 자녀들은 서로 죽일 것이고, 부모가 병으로 죽는 것을 보게 될 것이다." 만일 하나님이 이렇게 자세히 설명하셨다면 아담과 하와가 달리 선택했을 수도 있었을 것입니다. 그러나 그 순종이 하나님을 신뢰하는 마음에서 우러나온 것일까요? 오히려 하나님은 자세하게 말씀하시지 않음으로써 아담과 하와를 가르치셨습니다. 하나님은 그들이 위험에 대한 계산이나 스스로의 지혜와 논리에 근거해 순종하는 것이 아니라, 그저 어린아이처럼 하나님 아버지의 사랑을 믿기만을 바라셨습니다.

Date . .

오늘날도 마찬가지입니다. 하나님은 우리가 하나님의 마음을 신뢰하길 바라십니다. 하나님의 말씀이 선하심을 신뢰하길 바라십니다.

Q 직장, 학교, 공동체 등에서 규칙에 순종하기 어려웠던 때는 언제이며, 그 이유는 무엇입니까?

Q 그러나 결국 순종 또는 불순종하게 된 계기는 무엇입니까?

이 세션에서 우리는 인간의 '범죄'에 대해 살펴볼 것입니다. 하나님의 말씀을 거슬러 반역한 것은 하나님 말씀의 선하심에 대한 불신에서 시작되었음을 확인할 수 있습니다. 죄는 우리와 하나님, 다른 사람들과의 관계를 끊고, 세상을 파괴하는 결과를 초래합니다. 오직 하나님만이 우리를 죄와 그 결과에서 구원하실 수 있습니다. 하나님은 우리에게 죄와 싸울 수 있는 능력을 주십니다.

1. 인간의 반역은 하나님 말씀의 선하심을 불신하게 합니다

(창 3:1-7)

1그런데 뱀은 여호와 하나님이 지으신 들짐승 중에 가장 간교하니라 뱀
이 여자에게 물어 이르되 하나님이 참으로 너희에게 동산 모든 나무의
열매를 먹지 말라 하시더냐 2여자가 뱀에게 말하되 동산 나무의 열매를
우리가 먹을 수 있으나 3동산 중앙에 있는 나무의 열매는 하나님의 말씀

에 너희는 먹지도 말고 만지지도 말라 너희가 죽을까 하노라 하셨느니라
4뱀이 여자에게 이르되 너희가 결코 죽지 아니하리라 5너희가 그것을 먹
는 날에는 너희 눈이 밝아져 하나님과 같이 되어 선악을 알 줄 하나님이
아심이니라 6여자가 그 나무를 본즉 먹음직도 하고 보암직도 하고 지혜
롭게 할 만큼 탐스럽기도 한 나무인지라 여자가 그 열매를 따먹고 자기와
함께 있는 남편에게도 주매 그도 먹은지라 7이에 그들의 눈이 밝아져 자
기들이 벗은 줄을 알고 무화과나무 잎을 엮어 치마로 삼았더라

본문은 뱀의 간교함과 교활함에 대한 언급으로 시작됩니다. 교활한 사람을 만나면 그의 말을 액면 그대로 믿지 말고 저의가 무엇인지 살펴야 합니다. 뱀은 의심부터 불러일으키기 시작했습니다. "하나님이 참으로 … 하지 말라 하시더냐?" 하나님의 말씀을 부인하지는 않았지만, 논쟁거리로 만들었습니다. "정말? 하나님이 정말, 진짜 그렇게 말씀하셨어?"

뱀이 하나님의 말씀을 어떻게 왜곡했는지도 주목해서 보십시오. 하나님은 아담과 하와에게 동산에 있는 모든 나무의 열매 중에 단 하나만 빼고 나머지는 모두 먹어도 된다고 하셨지만, 뱀은 그 금지 사항을 교묘하게 바꾸었습니다. "하나님이 정말로 어떤 나무의 열매도 먹지 말라고 하셨어?" 다시 말해서, "하나님이 너희에게 뭔가 금지하신다면, 모든 것을 주지 않으셨다는 거잖아!" 뱀은 한 가지 금지 사항을 확대시키고, 주어진 모든 자유를 무시했습니다.

Q **어린아이들은 종종 부모에게 "엄마는 나에게 해 주는 게 아무것도 없어!"라고 불평합니다. 이 말과 에덴동산에서 사탄이 한 공격은 어떻게 일맥상통합니까?**

Q **하나님이 주신 자유보다 하나님이 금지하신 것에 초점을 맞추어 하나님을 바라보면 무슨 일이 생깁니까?**

뱀은 아담과 하와를 유혹할 때, 설명이 아닌 질문으로 공격을 시작했습니다. 그의 목표는 아담과 하와가 하나님의 선하심을 의심하게 만드는 것이었습니다. 뱀은 곧이어 노골적인 거짓말을 합니다. "너희가 결코 죽지 아니하리라." 죄는 하나님의 선하심을 의심하는 것에서 시작해 하나님의 말씀을 부인하는 것으로 끝납니다.

하나님의 말씀에 대한 이런 불신과 부인은 오늘날 우리 마음에도 틈타는 거짓말입니다. 하나님의 금지 명령을 마치 선택 사안인 것처럼, 마치 폭군의 말인 것처럼, 마치 불가능한 것처럼 무시하게 만듭니다.

아담과 하와의 죄는 단순한 불순종이었지만, 상상할 수 없는 결과를 낳았습니다. 에덴동산에서 일어난 일은 단순한 실수가 아닙니다. 그것은 하나님에 대한 반역입니다. 결과적으로 인간은 무한한 지혜와 사랑의 창조자에게 "당신은 선하지 않아요"라고 말하게 된 것입니다.

Q **당신은 죄를 실수와 실패로 보는 편입니까, 아니면 반역 행위로 보는 편입니까? 둘의 차이는 무엇이며, 그것이 우리의 관점에 어떤 영향을 끼칩니까?**

2. 인간의 반역은 하나님과의 관계, 그리고 다른 사람들과의 관계를 깨뜨립니다 (창 3:8-16)

*8그들이 그날 바람이 불 때 동산에 거니시는 여호와 하나님의 소리를 듣
고 아담과 그의 아내가 여호와 하나님의 낯을 피하여 동산 나무 사이에
숨은지라 9여호와 하나님이 아담을 부르시며 그에게 이르시되 네가 어
디 있느냐 10이르되 내가 동산에서 하나님의 소리를 듣고 내가 벗었으므
로 두려워하여 숨었나이다 11이르시되 누가 너의 벗었음을 네게 알렸느
냐 내가 네게 먹지 말라 명한 그 나무 열매를 네가 먹었느냐 12아담이 이
르되 하나님이 주셔서 나와 함께 있게 하신 여자 그가 그 나무 열매를 내*

*게 주므로 내가 먹었나이다 13여호와 하나님이 여자에게 이르시되 네가
어찌하여 이렇게 하였느냐 여자가 이르되 뱀이 나를 꾀므로 내가 먹었나
이다 14여호와 하나님이 뱀에게 이르시되 네가 이렇게 하였으니 네가 모
든 가축과 들의 모든 짐승보다 더욱 저주를 받아 배로 다니고 살아 있는
동안 흙을 먹을지니라 15내가 너로 여자와 원수가 되게 하고 네 후손도
여자의 후손과 원수가 되게 하리니 여자의 후손은 네 머리를 상하게 할
것이요 너는 그의 발꿈치를 상하게 할 것이니라 하시고 16또 여자에게 이
르시되 내가 네게 임신하는 고통을 크게 더하리니 네가 수고하고 자식을
낳을 것이며 너는 남편을 원하고 남편은 너를 다스릴 것이니라 하시고*

죄짓기 전에 아담과 하와는 수치를 느끼지 않았기 때문에 감출 것이 없었습니다. 하나님 앞에서도, 서로 간에도 완전히 자신을 노출할 수 있는 안정된 관계였습니다. 그들은 온전히 알려졌고, 온전히 사랑받았습니다. 그러나 인간과 하나님이 서로 얼굴과 얼굴을 마주하던 관계, 함께 동산에서 걷던 친밀한 관계가 인간의 반역으로 인해 깨졌습니다.

하나님은 우리가 온전히 이해받고 사랑받도록 창조하셨습니다. 그러나 타락한 인간은 자신을 속속들이 드러내면 사랑받을 수 없다고 생각하게 되었습니다. 누군가를 속속들이 알게 되면 사랑할 수 없다고 믿게 되었습니다.

그래서 인간은 숨는 것입니다. 하나님으로부터 숨고, 서로를 피해 숨는 것은 인간의 자연스러운 행동입니다. 그것은 하나님과의 관계가 깨졌고, 창조자와 싸우고 있다는 증거입니다. 우리 마음속에서 상실감과 수치심, 뭔가 깊이 잘못되어 숨어야 한다는 느낌이 드는 것은 사실 오래전에 잃어버린 영광과 위대함, 낙원에 대한 통탄입니다.

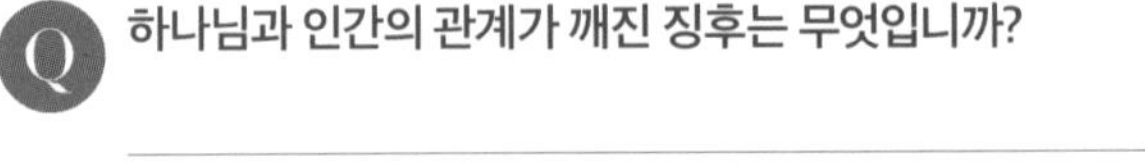

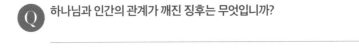

Q 하나님과 인간의 관계가 깨진 징후는 무엇입니까?

Q 하나님으로부터 숨은 후 수치심을 덮기 위해 인간이 고안한 방법에는 어떤 것들이 있습니까?

깨진 것은 하나님과의 관계만이 아닙니다. 다른 사람들과의 관계도 깨졌습니다. 아담이 하와를 처음 보았을 때 느꼈던 순수한 기쁨과 감격("이는 내 뼈 중의 뼈요 살 중의 살이라")이 비난과 적대감으로 바뀌었습니다("당신이 내게 준 이 여자가 나를 범죄하게 했습니다"). 하나님을 향해 휘둘렀던 주먹이 다른 사람에게 휘두르는 주먹이 되었습니다. 인간의 관계와 하나님의 공동체적 이미지가 손상되고 왜곡되었습니다.

핵심교리 **99** **37. 죄 - 반역**

성경은 사람을 책임적 존재, 즉 하나님의 계시에 믿음과 순종으로 반응하도록 부름받은 존재로 봅니다. 그렇기 때문에 성경은 종종 죄를 왕이신 하나님에 대한 거역과 반역이라는 용어로 묘사합니다. 대표적인 예인 이사야 1장 2절은 이렇게 말합니다. "내가 자식을 양육하였거늘 그들이 나를 거역하였도다." 이 관점에서 보자면 죄는 인격적이며 의지적인 불순종이고, 우리를 만드신 분을 향해 반기를 드는 것이라고 할 수 있습니다.

이 본문은 하나님과 인간의 깨어진 관계, 그리고 인간들 사이의 관계 단절을 보여줍니다. 그러나 인간의 죄에 대한 하나님의 의로운 심판 가운데서도 희망의 서광이 비춥니다. 어떤 사람들은 그 서광을 복음의 첫 번째 제시, 즉 원복음(protoevangelium)으로 봅니다. 창세기 3장 15절에서 하나님은 뱀에게 "장차 한 아들이 하와를 통해 태어날 것이고, 뱀이 그의 발뒤꿈치를 상하게 하겠지만 하와의 아들이 뱀의 머리를 상하게 할 것이라"라고 말씀합니다. 구원자가 오실 것이고, 뱀이 패배할 것입니다. 에덴동산에서 활개 치기 시작한 악이 여자의 '씨'를 통해 멸절될 것입니다.

인간관계 결렬의 예를 적어 보십시오.	복음은 어떤 해답을 제공합니까?

3. 인간의 반역은 하나님의 선한 세상을 파괴합니다 (창 3:17-24)

17아담에게 이르시되 네가 네 아내의 말을 듣고 내가 네게 먹지 말라 한
나무의 열매를 먹었은즉 땅은 너로 말미암아 저주를 받고 너는 네 평생
에 수고하여야 그 소산을 먹으리라 18땅이 네게 가시덤불과 엉겅퀴를 낼
것이라 네가 먹을 것은 밭의 채소인즉 19네가 흙으로 돌아갈 때까지 얼굴
에 땀을 흘려야 먹을 것을 먹으리니 네가 그것에서 취함을 입었음이라 너
는 흙이니 흙으로 돌아갈 것이니라 하시니라 20아담이 그의 아내의 이름
을 하와라 불렀으니 그는 모든 산 자의 어머니가 됨이더라 21여호와 하나
님이 아담과 그의 아내를 위하여 가죽옷을 지어 입히시니라 22여호와 하
나님이 이르시되 보라 이 사람이 선악을 아는 일에 우리 중 하나 같이 되
었으니 그가 그의 손을 들어 생명나무 열매도 따먹고 영생할까 하노라 하
시고 23여호와 하나님이 에덴동산에서 그를 내보내어 그의 근원이 된 땅
을 갈게 하시니라 24이같이 하나님이 그 사람을 쫓아내시고 에덴동산 동
쪽에 그룹들과 두루 도는 불 칼을 두어 생명나무의 길을 지키게 하시니라

하나님이 우리에게 주신 일에 수고가 침입했고, 출산의 아름다움이 고통으로 훼손되었습니다. 생명의 근원이신 하나님으로부터의 분리를 선택하는 것은 죽음을 선택하는 것과 같습니다. 죽음은 생명을 주시는 하나님께 일으킨 반역에 대한 처벌입니다.

이 본문은 추방으로 마무리됩니다. 하나님의 선한 세상이 인간의 죄로 파괴되었고, 이제 인간은 에덴동산의 완전함으로부터 분리되었습니다. 두루 도는 불 칼을 든 천사가 인간과 인간이 한때 소유했던 것 사이에 서 있게 되었습니다.

하지만 이 슬픈 심판의 장면에도 희망의 실마리가 있습니다. 하나님이 아담과 하와를 낙원에서 쫓아내시기 전에 그들에게 짐승의 가죽옷을 입히신 것입니다. 벌거벗은 아담과 하와를 위해 덮을 것을 마련하신 것입니다. 이러한 하나님의 주도적인 역사는 장차 있을 아들의 구속 역사의 예표입니다. 예수님이 스스로 희생 제물이 되어서 우리의 죄에 대해 책임을 지실 것이며, 우리의 수치를 자신의 의로움으로 덮으실 것입니다. 그러나 지금 우리는 지속적이고 파괴적인 죄의 결과를 겪고 있습니다. 피조물도 인간의 타락으로 신음하고 있습니다(롬 8:22).

Q 세상이 나를 대적하고 있다고 느낀 적이 있습니까? 특히 나를 힘들게 하는 것은 무엇입니까?

사탄이 하와를 유혹할 때 뱀의 모습을 선택한 것이 흥미롭습니다. 태초에 하나님이 세우신 창조 질서는 아래와 같습니다.	인간의 범죄로 창조의 질서가 뒤집혔습니다. 이것은 하나님이 의도하신 바가 완전히 왜곡되고 정반대로 뒤틀린 것입니다.
( )이 ( )을 다스리시고 ( )이 ( )을 다스립니다.	( )이 ( )을 다스리고 ( )이 ( )을 다스립니다.

죄는 우리의 진정한 인성을 훼손하고, 불멸의 하나님의 영광을 조롱했습니다. 하나님의 구원 이야기는 하나님이 하와의 아들을 보내셔서 다른 모든 피조물과 함께 우리를 죄의 속박에서 해방하신 이야기입니다. 하나님이 우리의

인성을 훼손하는 모든 것을 멸망시키고, 우리를 하나님의 아들의 형상으로 만든다고 약속하셨습니다.

그리스도인이 죄와 싸우는 이유는 하나님의 아들을 통해 구속받았기 때문입니다. 그리스도인이 죄로 돌아가는 것은 해방된 포로가 수용소로 돌아가는 것과 같습니다. 하와의 아들에 의해 죄의 속박에서 해방된 그리스도인은 하나님 말씀의 선하심을 신뢰하고 모든 형태의 죄와 싸우도록 부름받았습니다. 우리의 사명은 이 깨진 세상을 회복하실 분을 증거하는 것입니다.

Q 죄가 가정, 정부, 교회, 환경 등과 같은 사회의 여러 영역에 어떤 영향을 미칩니까?

Q 그리스도인들은 사회의 여러 영역에 퍼진 죄의 영향과 어떤 방식으로 싸워야 할까요?

결론

아담과 하와는 죄로 인해 낙원에서 추방되었습니다. 아담과 하와의 죄는 그들과 우리를 하나님이 계신 곳으로부터 분리시켰습니다. 그리고 돌아가는 길은 천사의 칼이 막고 있습니다. 그러나 그 칼이 십자가에 매달린 하와의 아들에게 임할 날이 올 것입니다. 그 아들이 하나님에게서 추방되었기 때문에 우리가 아버지와 재회할 수 있게 되었습니다. 예수님이 그 칼에 상하셨기 때문에 우리가 포로 생활에서 해방될 수 있었습니다.

그리스도와의 연결

뱀의 머리를 상하게 하실 예수님은 하와의 아들입니다.

하나님의 계획 우리의 사명

하나님이 우리를 부르신 이유는 하나님의 말씀을 신뢰하고, 죄의 모든 형태와 영향에 맞서 싸우며, 하나님 나라를 위한 사명과 선교를 수행하며 살도록 하기 위해서입니다.

1. 우리는 하나님의 말씀을 어떤 식으로 왜곡하고 부인합니까?

2. 우리가 세상에서 감당하는 사명과 선교는 아담과 하와의 죄 이야기와 어떤 연관이 있습니까?

3. 다른 사람들의 삶에서 자주 보는 죄의 영향에 대해 이야기해 보십시오. 그런 상황 속에서 예수님의 약속과 등장은 어떤 희망을 줍니까?

금주의 성경 읽기
창 8-9장;
시 12편;
창 10-11장

죄의 확산과 하나님의 긍휼

신학적 주제

죄는 하나님을 향한 도전으로 종종 하나님의 형상으로 만들어진 사람들을 향한 미움의 행위로 나타납니다.

심장이 터질 것같이 두근거리고, 머릿속이 온통 한 가지 생각으로 들어차 제대로 작동하지 않는 것 같은 그때 양심의 소리가 들립니다. "안 돼! 네가 지금 하려는 그것을 하면 안 돼!" 성적인 범죄, 험담, 거짓말, 분노, 도둑질 등과 같이 겉으로 드러난 것이든 교만, 시기, 마음의 우상 숭배처럼 보이지 않는 것이든 간에 죄는 유혹하는 힘이 있습니다. 죄의 유혹에 저항해야 한다는 것을 알면서도 죄의 힘 때문에 그냥 죄를 짓고 맙니다.

성경은 구원의 아름다움을 드높이는 책이기 때문에 죄의 추함을 폭로합니다. 생각해 보십시오. 죄를 잘 알기 때문에 위험한 것이 아니라, 죄에 대해 너무 모르기 때문에 위험에 빠지는 것입니다. 죄에 대한 피상적인 진단으로는 치료법을 알 수 없고, 불완전한 치료법으로는 나을 희망이 없습니다.

Q 세상이 분노, 정욕, 거짓말 등의 죄에 대해 권하는 '불완전한 치료법'에는 어떤 것들이 있습니까? 무엇이 그 치료법들을 불완전하게 합니까?

Date . .

세션 3에서 우리는 하나님이 창조하신 모든 선한 것이 첫 사람의 죄악 된 선택에 영향을 받는 것을 보았습니다(창 3장).

세션 4에서는 죄가 어떻게 아담과 하와에게서 후손인 가인과 아벨에게로 이어졌는지 살펴볼 것입니다. 죄는 악한 욕망에서 시작되어 하나님과 이웃을 대적하는 행동으로 이어집니다. 이것은 하나님의 정죄를 받아 마땅한 행동입니다. 그럼에도 하나님은 죄를 충분히 이길 수 있다는 긍휼의 약속을 주셨고, 그 은혜로 말미암아 우리는 구원을 얻게 되었습니다.

1. 죄의 확산은 악한 욕망에서 시작됩니다(창 4:1-7)

창세기 3장은 하나님을 반역한 아담과 하와가 에덴동산에서 쫓겨나는 것으로 끝났지만, 4장은 희망으로 시작합니다. 하와는 두 아들을 낳고 하나님께 영광을 돌립니다. 혹시 두 아들 중 한 명이 뱀의 머리를 부술 그 아들은 아닐까요?

> *"형제를 살해한 사람은 먼저 자신 안의 하나님을 살해한 것입니다. 가인의 죄는 형제 살해 이상의 의미를 지닙니다. 그 범죄 안에 더 깊은 범죄가 있습니다. 즉, 가인은 자신의 전적인 본질로 하나님께 대항했으며, 결국 자신이 받은 형벌 때문에 하나님을 비난했습니다."*[1]
>
> _오스왈드 챔버스

1아담이 그의 아내 하와와 동침하매
하와가 임신하여 가인을 낳고 이르되
내가 여호와로 말미암아 득남하였다
하니라 2그가 또 가인의 아우 아벨을 낳았는데 아벨은 양 치는 자였고
가인은 농사하는 자였더라 3세월이 지난 후에 가인은 땅의 소산으로 제
물을 삼아 여호와께 드렸고 4아벨은 자기도 양의 첫 새끼와 그 기름으로
드렸더니 여호와께서 아벨과 그의 제물은 받으셨으나 5가인과 그의 제
물은 받지 아니하신지라 가인이 몹시 분하여 안색이 변하니 6여호와께

서 가인에게 이르시되 네가 분하여 함은 어찌 됨이며 안색이 변함은 어
찌 됨이냐 [7]네가 선을 행하면 어찌 낯을 들지 못하겠느냐 선을 행하지 아
니하면 죄가 문에 엎드려 있느니라 죄가 너를 원하나 너는 죄를 다스릴지
니라

이 본문에서 죄의 통제되지 않는 속성을 볼 수 있습니다. 죄는 아담과 하와의 마음에만 머물지 않고 후대에도 전달되었습니다. 아담과 하와의 마음에 틈탔던 거짓말이 그 자녀들의 마음에도 틈탄 것입니다.

가인이 질투하는 장면에서 죄의 확산을 볼 수 있습니다. 두 아들 모두 자기가 일해 얻은 것 중에서 제물을 바쳤습니다. 가인은 농산물을, 아벨은 양을 바쳤습니다. 그러나 하나님은 아벨의 제사만 받으셨습니다. 왜 그러셨을까요? 히브리서 11장 4절에 그 답이 있습니다. "믿음으로 아벨은 가인보다 더 나은 제사를 하나님께 드림으로 의로운 자라 하시는 증거를 얻었으니 하나님이 그 예물에 대하여 증언하심이라."

하나님이 아벨의 제물을 받으신 것은 아벨이 믿음으로 바쳤기 때문입니다. 자기의 제물이 거절당했다는 것을 안 가인의 마음속에서 뭔가가 부글거리기 시작했습니다. 가인의 마음은 점점 어두워졌고 좀먹게 되었습니다. 그것들은 가인을 격노하게 했으며, 동시에 낙심케 했습니다. 가인은 부모의 발자취를 그대로 따라가고 있습니다.

그러나 가인이 마음속에서 부글거리는 악한 욕망에 따라 행동하기 전에 하나님이 가인에게 진실을 말씀해 주셨습니다. 가인이 범죄하기 전에 은혜를 베푸신 것입니다. 그 은혜는 가인이 유혹에서 벗어날 수 있는 탈출구가 될 수 있었습니다.

Q **죄에 빠지기 전에 하나님이 은혜로운 손길로 억제해 주시는 것을 경험한 적이 있습니까? 그때 하나님이 어떤 진리를 생각나게 하셨으며, 그 결과는 어땠습니까?**

> "누구든 미워하는 자는 살인자입니다. 독약을 준비하거나 죄를 짓지 않고 단지 미워만 했습니까? 당신은 누구보다 먼저 당신 자신을 죽인 것입니다."[2]
>
> _어거스틴

하나님은 가인에게 유혹을 거절하고, 죄의 욕망을 다스리라고 조언하셨습니다. "죄를 다스림으로써 올바로 행동하라! 죄의 명령에 굴복하지 말라!"

유혹에 직면할 때 우리는 마음속에서 메아리치는 하나님의 음성을 들을 수 있습니다. 그러나 하나님의 조언에도 불구하고 가인은 아벨을 죽였습니다. 우리는 악한 욕망들이 어떻게 우리와 전쟁을 벌이고, 어떻게 우리를 죄악 된 행동으로 끌고 가는지 잘 압니다. 왜냐하면 우리도 하나님의 조언에 귀 기울이지 않는 때가 무수히 많기 때문입니다.

하나님은 우리 삶의 모든 죄악 된 행동을 예의 주시하시며, 사랑으로 우리에게 조언해 주십니다. 그러나 죄로 가득찬 우리는 그 조언을 거절합니다. 가인이 그랬던 것처럼 말입니다. 악한 욕망은 악한 행동을 낳습니다.

죄악 된 행동들을 나열하고, 그것에 선행하는 악한 욕망들과 짝지어 보십시오.	죄와 싸울 때 행위뿐 아니라 죄의 욕망을 다루는 것이 왜 중요합니까?

2. 죄의 확산은 이웃을 대적하는 행동으로 이어집니다(창 4:8-12)

8가인이 그의 아우 아벨에게 말하고 그들이 들에 있을 때에 가인이 그의
아우 아벨을 쳐 죽이니라 9여호와께서 가인에게 이르시되 네 아우 아벨
이 어디 있느냐 그가 이르되 내가 알지 못하나이다 내가 내 아우를 지키
는 자니이까 10이르시되 네가 무엇을 하였느냐 네 아우의 핏소리가 땅에
서부터 내게 호소하느니라 11땅이 그 입을 벌려 네 손에서부터 네 아우의
피를 받았은즉 네가 땅에서 저주를 받으리니 12네가 밭을 갈아도 땅이
다시는 그 효력을 네게 주지 아니할 것이요 너는 땅에서 피하며 유리하
는 자가 되리라

가인은 죄의 욕망을 행동으로 옮겨 죄 없는 동생을 죽였습니다. 사탄이 울부짖는 사자처럼 가인에게 덤벼들려고 기다렸듯이, 가인도 아벨에게 그렇게 했습니다.

그다음에 무슨 일이 일어났는지 주목해 봅시다. 하나님은 가인이 죄를 짓기 전에 그에게 조언하러 오셨을 뿐 아니라, 가인의 범죄 후에도 먼저 찾아오셨습니다. 하나님은 가인에게 회개할 기회를 주고자 그에게 말을 거셨습니다. "가인아, 네 동생 아벨이 어디 있느냐? 네가 무슨 짓을 했느냐?"

우리에게도 마찬가지입니다. 우리가 죄를 지을 때 하나님은 비난부터 하지 않으십니다. 회개하라고 부드럽게 초청하십니다. 유혹받을 때는 죄에 저항하라고 하시고, 범죄의 순간에는 회개하고 하나님께로 돌아갈 기회를 주십니다. 안타깝게도 가인은 회개하지 않았고, 거짓말("나는 모릅니다.")과 질문("내가 내 형제를 지키는 자입니까?")으로 증오에 가득 찬 냉담한 마음을 드러냈습니다.

Q **"내가 내 형제를 지키는 자입니까?"라는 가인의 질문이 가지는 의미는 무엇일까요?**

27 4:14

Q 죄가 어떤 식으로 주변 사람들에 대한 우리의 책임을 완수하지 못하게 하는지에 대해 이야기해 보십시오.

하나님의 저주가 가인의 정체성의 핵심에까지 침투했습니다. 가인은 농부로서 땅을 경작하는 사람이었습니다. 그러나 이제 그럴 수 없게 되었습니다. 이제는 가인이 과거에 항상 했던 것, 잘 알고 탁월함을 발휘했던 것을 하더라도 노력의 대가가 없을 것입니다.

우리의 죄도 비슷한 결과를 낳습니다. 은혜와 긍휼을 베푸시는 하나님(그리고 하나님의 형상으로 만들어진 다른 사람들)을 향하는 우리의 마음이 굳어지고 무심해지면 성취하고 이루도록 되어 있던 것들이 생명의 결실을 멈추게 됩니다. 나의 정체성의 근간이었던 것이 나를 공허와 절망에 빠지게 할 것입니다.

Q 하나님이 우리가 다른 사람들에게 어떻게 대하는지를 중요하게 보시는 이유는 무엇일까요?

깊은 죄와 반역 가운데 있는 우리에게 소망이 있을까요? 유혹만 받고 아직 죄의 욕망을 실행하지 않았을 때는 하나님의 조언이 직설적이었습니다. "죄의 욕망을 죽여라! 그것을 다스려 올바로 행동하라! 그것에 저항하고 굴복하지 말라!"

그러나 범죄 후의 해결책과 조언과 소망은 무엇일까요? 무수한 실패 앞에서 우리는 어떻게 해야 할까요? 하나님의 조언을 공허한 죄의 약속과 맞바꾸고 난 다음에는 어떻게 해야 할까요? 다시는 하나님을 찾지 못하도록 우리를 마비시키는 죄책감과 수치심에서 벗어나는 방법은 무엇일까요? 단순히 "실패하지 마!"라고 말하는 것으로는 충분하지 않습니다. 복음은 우리가 실패한 후 무엇을 해야 하는지 가르쳐 줍니다. 그리고 하나님이 어떻게 흠 있고 죄지은 사람들을 구원해 하나님 나라를 위해 사용하시는지를 우리에게 말해 줍니다.

3. 죄의 확산은 오직 하나님의 긍휼과 약속으로 방지됩니다

(창 4:13-16, 25-26)

13가인이 여호와께 아뢰되 내 죄벌이 지기가 너무 무거우니이다 14주께
서 오늘 이 지면에서 나를 쫓아내시온즉 내가 주의 낯을 뵈옵지 못하리
니 내가 땅에서 피하며 유리하는 자가 될지라 무릇 나를 만나는 자마다
나를 죽이겠나이다 15여호와께서 그에게 이르시되 그렇지 아니하다 가
인을 죽이는 자는 벌을 칠 배나 받으리라 하시고 가인에게 표를 주사 그
를 만나는 모든 사람에게서 죽임을 면하게 하시니라 16가인이 여호와 앞
을 떠나서 에덴 동쪽 놋 땅에 거주하더니 (중략) 25아담이 다시 자기 아내
와 동침하매 그가 아들을 낳아 그의 이름을 셋이라 하였으니 이는 하나
님이 내게 가인이 죽인 아벨 대신에 다른 씨를 주셨다 함이며 26셋도 아
들을 낳고 그의 이름을 에노스라 하였으며 그 때에 사람들이 비로소 여
호와의 이름을 불렀더라

가인이 눈물을 흘리며 슬퍼하고 있습니다. 그러나 후회의 눈물은 회개의 눈물과 다릅니다.

Q 가인이 한 말에서, 그의 눈물이 회개가 아니라 후회로 인한 것이라는 증거들을 찾아 보십시오.

가짜 회개에도 슬픔, 눈물, 후회, 다시는 이렇게 죄짓지 않겠다는 약속이 있을 수 있으나 그 중심에는 자기 몰두가 있습니다.

가인의 자기중심적인 태도에 대한 하나님의 반응을 보십시오. 하나님은 아벨을 위해 정의를 실행하시면서도(가인을 추방하심) 가인에게 긍휼을 베푸셨습니다(가인에게 표를 주심). 가인에게 표를 주셔서 폭력으로 복수당하는 것을 막아 주신 것입니다.

본문에 가인이 죄를 회개하고 구원을 받았다는 언급은 없습니다. 다만, 하나님이 가인에 대한 정당한 심판을 한동안 유보하셨음을 알 수 있습니다. 하나님은 가인이 마땅히 받아야 할 처우보다 더 잘 대해 주셨습니다.

어떻게 지내느냐는 질문에 "생각보다 잘 지내"라고 대답하는 경우가 종종 있습니다. 이 진술이 모든 인류, 심지어 불신자들에게까지도 진실인 이유는 무엇입니까?

긍휼을 베푸시는 하나님은 약속을 지키시는 분입니다. 하나님은 하와에게 뱀의 머리를 부술 아들을 약속해 주셨습니다. 그런데 가인은 반역하고, 아벨은 죽었으니, 언뜻 보기에 상황이 암담합니다.

그러나 하나님은 아담과 하와에게 셋이라는 다른 아들을 주셨습니다. 수천 년 후에 셋의 가계에서 약속된 하와의 아들이 태어날 것입니다. 그리고 십자가에서 다시 피가 흐를 것입니다. 그러나 그때 흘리는 피는 약속된 아들의 피이며, 이 피는 죄 때문에 흘리는 피일 뿐 아니라 죄를 위해 흘리는 피가 될 것입니다.

히브리서 12장 24절은 아벨의 피와 비교해 예수님의 피에 대해 전합니다. "새 언약의 중보자이신 예수와 및 아벨의 피보다 더 나은 것을 말하는 뿌린 피니라." 아벨의 피, 즉 죄로 인해 땅에 뿌려진 피는 정의 실현을 위해 고뇌 가운데 부르짖습니다. 그러나 예수님의 피, 즉 죄를 위해 흘린 피는 조용한 가운데 아벨의 피보다 더 나은 것을 말해 줍니다. 하나님의 정의가 실현된 것입니다.

핵심교리 **99**

44. 세상에 미친 죄의 영향

죄는 하나님과의 관계에만 영향을 미치지 않습니다. 주변 사람과의 관계도 깨어지게 합니다. 피조물이 악한 세력의 종노릇한 데서 구원과 해방을 고대하면서 탄식하고 있는 이유는 죄 때문입니다. 죄는 사회 구조를 감염시키고 그 방향을 바꾸어 놓아 불의와 압제를 향해 가도록 합니다. 사회를 왜곡시키는 죄의 영향들은 도처에서 볼 수 있습니다. 그러나 복음은 그리스도가 하신 일을 통해 이 권세들에 대한 싸움에서 승리하게 되리라는 기쁜 소식을 전해 줍니다.

4/15/2018

그리스도 안에 있는 자의 모든 죄는 정당하게 다루어졌습니다. 우리 죄에 대한 하나님의 모든 진노가 십자가에서 예수님께 쏟아졌습니다. 하나님은 창세기 3장에서 하신 약속을 신실하게 지키셨습니다. 아들을 보내 뱀의 머리를 부수어, 이제는 정말로 죄를 이길 수 있게 하셨습니다.

Q 하나님의 용서하시는 마음을 깨닫지 못한다면, 하나님의 백성인 우리의 사명에 어떤 영향을 미칠까요?

결론

하나님이 약속하신 긍휼은 죄를 이깁니다. 그러므로 우리는 하나님께 구원과 사명 감당을 위한 능력을 구해야 합니다. 그리스도인인 우리는 가인의 모습을 통해 자신을 보지만, 또한 십자가의 빛 안에서도 자신을 봅니다. 하나님은 죄에 대한 진노를 십자가에 쏟아 부으심으로써 온전한 의를 나타내셨습니다. 또한 십자가에 매달리신 아들을 통해 우리에게 은혜를 베푸심으로써 온전한 긍휼을 나타내셨습니다. 우리는 용서하시는 하나님, 변화시키시는 하나님, 회개의 기회를 주시는 하나님(딤후 2:25)을 사람들에게 알림으로써 죄의 확산을 늦출 수 있습니다.

그리스도와의 연결

아벨의 피는 우리에게 믿음을 위해 생명을 바친 순교자들에 대해 말해 줍니다. 그러나 예수님의 피는 아벨의 피보다 더 호소력이 있습니다. 왜냐하면 우리를 죄에서 깨끗이 씻어 주기 때문입니다.

하나님의 계획
우리의 사명

하나님은 죄의 확산을 늦추시기 위해 우리를 부르셔서 세상의 빛과 소금이 되고, 하나님 나라의 평화와 기쁨을 선포하라고 명령하십니다.

1. 우리 안에 일어나는 악한 욕망들에 대항해 싸울 수 있는 실제적인 방법들을 찾아봅시다.

2. 소그룹이나 교회와 같은 공동체가 죄의 확산을 늦출 수 있는 구체적인 방법에는 어떤 것들이 있을까요?

3. 하나님은 예수님의 보혈로 온전한 긍휼을 보여 주셨습니다. 하나님이 우리에게 보여 주신 긍휼을 누구에게, 어떻게 나누겠습니까?

*
금주의 성경 읽기
창 12-16장

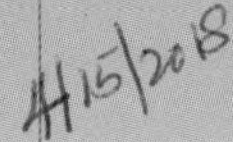

애통 가운데 심판하시는 하나님

신학적 주제 **하나님의 영광이 심판 중에 임하는 구원 가운데 계시됩니다.**

Session 5

지금까지 창세기를 공부하면서 하나님이 어떻게 하늘과 땅, 그리고 하나님의 가장 소중한 피조물인 인간을 창조하셨는지 살펴보았습니다. 우리는 아담과 하와가 하나님 말씀의 선하심을 신뢰하지 않음으로써 죄를 지은 것을 보았습니다. 그리고 세션 4에서는 이 세상에 죄가 어떻게 만연하게 되었는지, 또한 죄가 아담과 하와의 마음에만 국한되지 않았음을 보았습니다. 죄가 그들의 자녀들에게까지 확산되면서 인간은 점점 더 악해졌습니다.

Q 현대 사회에서 우리가 수치라고 여기는 죄는 어떤 것들이며, 무관심하게 다루는 죄는 어떤 것들입니까? 또 우리 사회가 자랑하는 죄에는 어떤 것들이 있습니까?

Date . .

이 세션에서 우리는 하나님이 인간의 반역에 어떻게 응답하시는지 살펴볼 것입니다. 하나님은 인간에게 심판을 선언하시면서도 세상의 악함을 애통해하십니다. 의로운 심판 중에도 하나님은 노아와 그의 가족에게 은총을 베푸셔서 그들을 대홍수에서 구원하시고, 인류에 대한 하나님의 선한 의도를 성취하라는 사명을 주십니다. 노아처럼 우리도 하나님의 심판에서 구원받아 하나님의 구속된 백성으로서 하나님께 순종하라는 부름을 받았습니다.

1. 하나님이 세상의 악함을 심판하시며 슬퍼하셨습니다(창 6:5-7)

죄가 넓고 깊게 확산되었습니다. 하나님은 이 상황에 대해 어떻게 생각하시고, 또 어떤 방식으로 해결하실까요?

5여호와께서 사람의 죄악이 세상에 가득함과 그의 마음으로 생각하는
모든 계획이 항상 악할 뿐임을 보시고 6땅 위에 사람 지으셨음을 한탄하
사 마음에 근심하시고 7이르시되 내가 창조한 사람을 내가 지면에서 쓸
어버리되 사람으로부터 가축과 기는 것과 공중의 새까지 그리하리니 이
는 내가 그것들을 지었음을 한탄함이니라 하시니라

성경은 사람의 모든 생각이 악할 뿐이었다고 말씀합니다. 악한 생각으로 물든 사람들이 하나님께 이렇게 외쳐댔다고 생각해 보십시오. “나는 당신을 신뢰하지 않아요! 나는 당신을 믿지 않아요! 나는 당신을 거부해요!” 이것이 죄의 핵심입니다. 죄는 창조자 하나님에 대한 믿음을 저버리고 거부하는 것입니다.

하나님은 한탄하고 근심하셨습니다. 6절에 ‘한탄’으로 번역된 히브리어에는 ‘고역, 쇠약, 극도의 괴로움, 상처받은 마음’ 등의 뜻이 있습니다.

어떻게 이런 단어가 하나님께 사용될 수 있을까요? 어떻게 능력이 무한

하신 분이, 아무것도 부족한 것이 없으신 분이 고역을 치르고 쇠약해지며 극도로 괴로워하실 수 있을까요? 어떻게 하나님이 마음에 상처를 받으신단 말입니까? 하나님은 '사랑' 때문에 한탄하십니다. 하나님이 창조하신 사람들에 대한 사랑 말입니다. 사랑 때문에 하나님은 아담과 하와가 금지된 열매를 먹고 난 후에도 그들과 세상을 즉시 멸하지 않으셨습니다(창 3:6-8). 심판하셨지만 오래도록 인내하셨고 하나님의 백성과의 관계 회복을 갈망하셨습니다.

Q **성경은 하나님이 악한 사람들을 심판하시기 전에 '근심하셨다'고 말합니다. 이 말의 의미는 무엇입니까?**

Q **하나님이 '근심하셨다'는 묘사는 하나님의 성품에 대해 무엇을 말해 줍니까?**

하나님은 세상과 세상의 모든 사람을 멸하실 수도 있었지만, 사악한 무리만을 제거하기로 하셨습니다. 인류 전체를 포기하지 않으시고 한 가족을 선택해 구원하셨습니다. 처음부터 완전히 다시 시작하는 것을 선택하지 않으셨습니다. 노아와 그 후손이 다시 하나님을 실망시키고 거역하고 신실하지 않게 행할 것을 아시면서도, 하나님은 인류를 보존하기로 결정하셨습니다. 왜 그러셨을까요? 자녀가 아무리 불순종해도 자녀에 대한 사랑을 멈추지 않는 아버지처럼, 하나님은 자신의 사람들에게 자신의 마음을 묶어 놓으신 것입니다.

이것이 의미하는 바는 한마디로 하나님이 우리를 사랑하셨다는 것입니다. 하나님께는 우리를 사랑해야 할 의무가 없고, 사랑할 필요도 없습니다. 그런데도 하나님은 큰 사랑으로 우리에게 은혜를 베푸셨습니다. 우리의 아버지로서 하나님은 당신의 기쁨을 우리의 기쁨과 함께 묶어 놓으셨고, 당신의 아픔을 우리의 아픔과 함께 묶어 놓으셨습니다.

대홍수 이야기는 분명 심판 이야기입니다. 하나님이 모든 악한 것에 대항하시는 거룩하고 의로운 재판장이심을 선포합니다. 그러나 이것은 슬픈 이야기이기도 합니다. 자신의 백성을 포기하지 않으시는 사랑 많은 아버지의 눈물 이야기이기 때문입니다.

Q 슬퍼하지 않고 진노만 하시는 하나님을 상상하면 어떤 생각이 듭니까? 반대로 슬퍼하시지만 절대로 화내지 않으시는 하나님을 상상하면 어떤 생각이 듭니까?

핵심교리 99

24. 하나님의 영광

'하나님의 영광'이란 하나님이 하신 일이 볼 수 있게 드러나는 것, 다시 말해서 하나님이 자신의 완전한 성품을 자신의 일을 통해 나타내시는 방식입니다. 또한 하나님의 영광은 하나님의 뛰어난 명성을 가리키는 말로, 우리가 하나님의 이름을 찬양해야 하는 이유 중 하나입니다. 또 하나님의 영광은 하나님의 본질적인 아름다움으로, 하나님의 속성들과 성품들에서 드러나는 하나님의 밝음과 아름다움을 말합니다. 성경은 인류가 하나님의 창조 목적인 하나님을 영화롭게 하는 것을 저버렸기 때문에 하나님의 영광에 이르지 못했다고 말합니다(롬 3:23).

Q 슬퍼하시는 하나님과 진노하시는 하나님을 함께 아는 것이 왜 중요합니까?

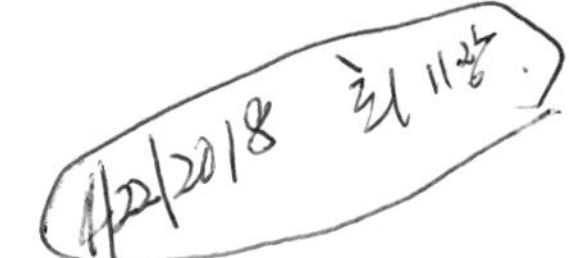

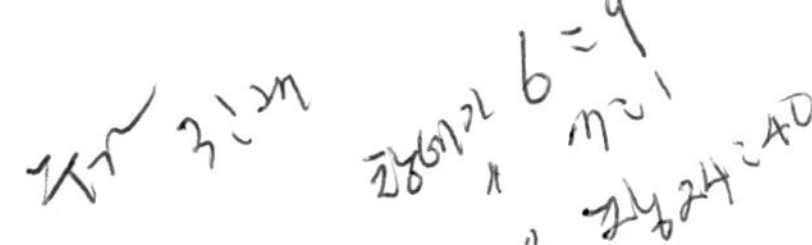

2. 하나님이 의인의 가족에게 은총을 베푸셨습니다 (창 6:8-22)

[8]그러나 노아는 여호와께 은혜를 입었더라 [9]이것이 노아의 족보니라 노아는 의인이요 당대에 완전한 자라 그는 하나님과 동행하였으며 [10]세 아들을 낳았으니 셈과 함과 야벳이라 [11]그 때에 온 땅이 하나님 앞에 부패하여 포악함이 땅에 가득한지라 [12]하나님이 보신즉 땅이 부패하였으니 이는 땅에서 모든 혈육 있는 자의 행위가 부패함이었더라 [13]하나님이 노아에게 이르시되 모든 혈육 있는 자의 포악함이 땅에 가득하므로 그 끝날이 내 앞에 이르렀으니 내가 그들을 땅과 함께 멸하리라 [14]너는 고페르 나무로 너를 위하여 방주를 만들되 그 안에 칸들을 막고 역청을 그 안팎에 칠하라 [15]네가 만들 방주는 이러하니 그 길이는 삼백 규빗, 너비는 오십 규빗, 높이는 삼십 규빗이라 [16]거기에 창을 내되 위에서부터 한 규빗에 내고 그 문은 옆으로 내고 상 중 하 삼층으로 할지니라 [17]내가 홍수를 땅에 일으켜 무릇 생명의 기운이 있는 모든 육체를 천하에서 멸절하리니 땅에 있는 것들이 다 죽으리라 [18]그러나 너와는 내가 내 언약을 세우리니 너는 네 아들들과 네 아내와 네 며느리들과 함께 그 방주로 들어가고 [19]혈육 있는 모든 생물을 너는 각기 암수 한 쌍씩 방주로 이끌어들여 너와 함께 생명을 보존하게 하되 [20]새가 그 종류대로, 가축이 그 종류대로, 땅에 기는 모든 것이 그 종류대로 각기 둘씩 네게로 나아오리니 그 생명을 보존하게 하라 [21]너는 먹을 모든 양식을 네게로 가져다가 저축하라 이것이 너와 그들의 먹을 것이 되리라 [22]노아가 그와 같이 하여 하나님이 자기에게 명하신 대로 다 준행하였더라

이 본문에는 우리가 놓치면 안 되는 두 가지 진리가 있습니다. 첫 번째 진리는 은혜가 의보다 앞선다는 것입니다. 노아를 의로운 사람이라고 선포하기 전에 그가 하나님의 은혜를 입었다는 본문이 먼저 나오는 것은 우연이 아닙니다. 하나님의 은혜가 먼저 임했습니다. 노아가 순종했기 때문에 구원받은 것이 아닙니다. 노아가 순종할 수 있었던 것은 은혜를 입었기 때문입니다.

Q 노아의 의로운 성품을 보여 주는 단어를 찾아 보십시오.

Q 하나님의 은혜가 우리의 순종보다 앞선다는 것을 인식하는 것이 왜 중요합니까?

두 번째 진리는 하나님이 노아와 맺으신 언약의 혜택을 노아뿐 아니라 그 가족까지 입었다는 것입니다. 노아의 의는 그의 가족을 보존하는 기반이 되었습니다. 어디서 많이 들었던 이야기 같지 않습니까? 노아의 이야기는 예수님을 예표합니다. 우리는 노아를 통해 하나님이 구원을 주시는 패턴을 짐작할 수 있습니다. 예수님은 하나님의 큰 은총을 입으신 분이었습니다. 모두가 죄를 범해 하나님의 영광에 이르지 못했고, 단 한 사람도 의롭지 않았지만, 하나님은 예수님 한 분과 그분의 의에 근거해 우리에게 구원을 주셨습니다. 노아의 가족은 자신들의 의가 아니라 노아의 의에 근거해 홍수에서 구원받았습니다. 그들이 구원받은 이유는 노아에게 속했기 때문입니다. 우리도 이와 같습니다. 우리는 오직 예수님이 하신 일에 의해서만 구원받으며, 예수님께 속해 있을 때만 구원받습니다.

Q 노아가 보인 신실함의 모범에서 어떤 교훈을 얻을 수 있습니까?

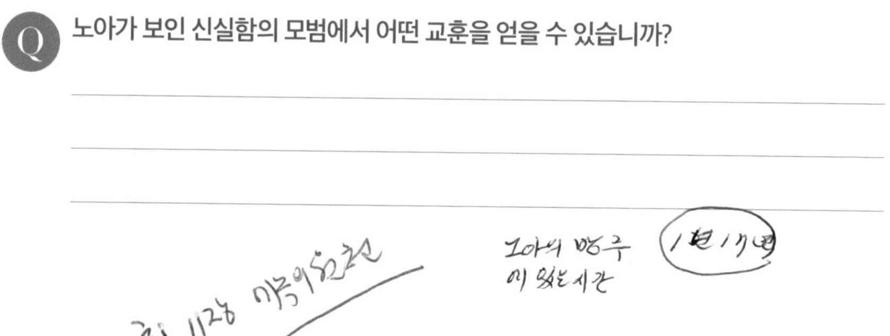

3. 하나님이 노아의 가족에게 사명을 위임하셨습니다 (창 9:1-11)

대홍수 사건은 노아의 구원으로 끝나지 않습니다. 이 이야기는 노아와 언약을 세우신 하나님이 그의 가족에게 아담과 하와에게 주셨던 명령을 완수하라는 사명을 맡기시는 것으로 끝납니다.

1하나님이 노아와 그 아들들에게 복을 주시며 그들에게 이르시되 생육
하고 번성하여 땅에 충만하라 2땅의 모든 짐승과 공중의 모든 새와 땅에
기는 모든 것과 바다의 모든 물고기가 너희를 두려워하며 너희를 무서워
하리니 이것들은 너희의 손에 붙였음이니라 3모든 산 동물은 너희의 먹
을 것이 될지라 채소 같이 내가 이것을 다 너희에게 주노라 4그러나 고기
를 그 생명 되는 피째 먹지 말 것이니라 5내가 반드시 너희의 피 곧 너희
의 생명의 피를 찾으리니 짐승이면 그 짐승에게서, 사람이나 사람의 형
제면 그에게서 그의 생명을 찾으리라 6다른 사람의 피를 흘리면 그 사람
의 피도 흘릴 것이니 이는 하나님이 자기 형상대로 사람을 지으셨음이니
라 7너희는 생육하고 번성하며 땅에 가득하여 그 중에서 번성하라 하셨
더라 8하나님이 노아와 그와 함께한 아들들에게 말씀하여 이르시되 9내
가 내 언약을 너희와 너희 후손과 10너희와 함께한 모든 생물 곧 너희와
함께한 새와 가축과 땅의 모든 생물에게 세우리니 방주에서 나온 모든
것 곧 땅의 모든 짐승에게니라 11내가 너희와 언약을 세우리니 다시는 모
든 생물을 홍수로 멸하지 아니할 것이라 땅을 멸할 홍수가 다시 있지 아
니하리라

Q **창세기 9장 1-11절을 하나님이 아담과 하와에게 주신 본래의 명령인 창세기 1장 26-28절과 비교해 보십시오. 어떤 유사점과 차이점이 있습니까?**

하나님이 노아와 그의 가족에게 하신 말씀을 통해 대홍수가 모든 것을 고치지 못했고, 모든 것을 질서 있게 제자리로 복원하지 못했다는 것을 분명히 알 수 있습니다. 대홍수가 죄의 문제를 해결하지 못했다는 사실은 이 세션의 첫 장을 떠올리게 합니다. 사람의 죄가 넓고 깊게 퍼졌습니다. 얼마나 넓고 깊은지 세상 대부분을 멸한 후 의로운 한 사람과 그의 가족으로 다시 시작했는데도 인류를 구속해 하나님께로 회복시키기에는 역부족이었습니다.

대홍수보다 큰 해결책이 필요했습니다. 복음의 좋은 소식은, 바로 십자가에서 더 큰 해결책이 우리에게 주어졌다는 것입니다. 인간을 구원하기 위해 하나님이 어느 정도까지 슬픔을 감당하실 용의가 있으셨는지는 십자가에서 볼 수 있습니다. 하나님의 아들이 하나님의 심판의 잔을 마심으로써 우리를 영원한 죽음에서 벗어나게 하셨습니다.

노아 이야기가 인간에 대한 하나님의 언약을 재확인하고, 하나님께 순종하고, 하나님을 따르라는 사명을 위임하며 끝나듯이, 우리의 구원도 그 자체가 끝이 아니라 순종에 앞서는 것입니다. 하나님은 생육하고 번성할 뿐 아니라 거룩하고 자비로우신 하나님에 대한 좋은 소식을 온 세상에 전하라는 사명을 우리에게 위임하셨습니다. 노아는 그의 가족 일곱 명만 구원할 수 있었지만, 하나님은 모든 족속, 방언, 온 나라의 사람들을 예수님께 맡기셨습니다.

노아는 세상 누구도 그의 말을 들어주지 않았지만 평생 믿음으로 방주를 지었습니다(히 11:7; 벧후 2:5). 우리도 장차 임할 심판과 우리의 구원을 위해 하나님이 예비하신 예수 그리스도의 복음을 사람들에게 전하며 평생 신실하게 살아가야 합니다.

Q 신약 성경은 노아를 '의의 전파자'(벧후 2:5)라고 말합니다. 사람들을 불러 회개와 믿음으로 이끄는 우리의 사명과 노아의 사명 사이에 유사점을 찾아보십시오.

다시 읽기

결론

이 과에서 우리는 노아 시대에 세상을 의로 심판하신, 선하신 하나님의 슬픔을 보았습니다. 노아의 구원과 우리의 구원에는 유사한 부분이 있습니다. 방주를 주셔서 노아를 구원하셨듯이 그리스도를 통해 구원을 주신 하나님께 감사할 수 있습니다.

노아의 사명과 우리의 사명은 분명 유사합니다. 노아는 하나님과 동행했습니다. 노아의 순종하는 삶은 그에게 은총을 베푸신 하나님에 대한 증언이 되었습니다. 노아는 심판의 날이 임한다는 하나님의 말씀을 믿고 세상에 의를 전파했지만, 세상은 노아의 외침을 듣지 않았습니다.

노아에게서 그리스도의 예표를 봅니다. 그리스도는 신실하게 사명을 수행하신 모범입니다. 우리는 하나님과 동행하며, 하나님의 은혜로 순종해 다른 사람들에게 하나님의 선하심에 대한 증언과 증거를 보여야 합니다. 우리는 하나님이 말씀하신 심판의 날이 다가오고 있음을 믿어야 합니다. 회개하지 않는 자들은 죽은 후에 지옥에 가게 될 것입니다. 그리고 그리스도가 이 세상에 다시 오셔서 최후의 심판을 하실 것입니다. 눈에 보이는 것만 믿고 따르는 시대에 살고 있지만 그리스도인인 우리는 하나님의 말씀을 믿고 따라야 합니다. 죄를 슬퍼하시고, 악한 세상을 씻겠다고 약속하신 하나님을 믿는 우리는, 다른 사람들도 죄로부터 돌아서서 예수 그리스도 안에서 하나님이 주시는 구원을 받아들일 수 있도록 이끌어야 합니다.

심판이 다가오고 있습니다. '의의 전파자'로 살아가시기 바랍니다.

그리스도와의 연결

하나님이 의로운 노아에게 은총을 베푸시고 그의 가족을 구원하신 것처럼, 하나님은 의로운 아들이신 예수 그리스도의 가족이 되기 위해 믿음으로 들어오는 모든 사람에게 구원을 베푸십니다.

하나님의 계획
우리의 사명

하나님은 우리에게 하나님의 의와 은혜를 선포하라고 하십니다. 이를 통해 다른 사람들도 하나님의 가족이 되어 다가오는 심판에서 구원받게 하십니다.

1. 세상의 악함에 대한 하나님의 심판에 대해 사람들은 어떤 생각을 가질까요? 또 나는 그들의 생각에 어떻게 반응해야 할까요?

2. 대홍수 이야기와 예수 그리스도의 복음 사이에는 어떤 유사성이 있습니까?

3. 그리스도 안에서 다가오는 심판으로부터 구원받는다는 측면에서, 우리는 대위임령을 어떻게 수행해야 할까요?

*
금주의 성경 읽기
창 17-23장

악의 확산을 늦추시는 하나님

신학적 주제

하나님의 영광을 훼손하려는 인간의 시도를 하나님이 심판하고 막으십니다.

새롭게, 다시 시작하고 싶다는 생각을 해 본 적이 있습니까? 새로 산 물건이지만 잘못 산 것 같아서 또는 낡아서 바꾸고 싶다는 생각을 해 본 적이 있습니까? 생각대로 일이 되지 않아서 시간을 처음으로 되돌려 놓고 싶다는 생각을 해 보았습니까? 인생에도 '리셋' 버튼이 있다면 얼마나 좋겠습니까?

Q 나의 과거사 중 바꾸고 싶은 선택의 순간이 있다면 언제입니까? 그때로 돌아간다면 어떤 선택을 하겠습니까?

창세기를 찬찬히 읽어 보면 하나님이 인간에게 '리셋'의 기회를 주신 것을 발견할 수 있습니다. 지난 세션에서 우리는 인간의 타락한 모습에 슬퍼하신 하나님이 대홍수로 세상을 심판하시고, 노아와 그의 가족에게 은혜를 베푸신

Date . .

것에 대해 살펴보았습니다.

만일 내가 노아라면 대홍수가 끝난 후 어떻게 했을까요? 죄에 대한 하나님의 격노와 무서운 심판, 그 가운데서도 나와 내 가족을 보존하신 하나님의 자비를 목격했으니 새로운 결단을 하지 않았을까요? 그런데 안타깝게도 노아는 술에 취했고, 아들의 조롱까지 받았습니다. 노아 이후의 세대에는 죄가 더 해져 온 세계 사람들이 자신들의 영광을 위해 그 꼭대기가 하늘에 닿을 만큼 높은 탑을 쌓으려고 합니다.

이 세션에서 우리는 인간에게 위신과 명예를 추구하는 경향이 있음을 배울 것입니다. 자신의 왕국을 세우고, 자기 이름을 높이려는 인간의 계획을 하나님이 보십니다. 하나님은 자신의 세력을 키우려는 인간의 시도와 우상 숭배적인 욕망을 심판하심으로써 죄의 확산을 늦추십니다. 이것이 하나님이 베푸시는 자비입니다. 하나님은 우리를 구원하신 후 세상에 흩으셔서 하나님의 아들 예수 그리스도의 이름을 찬양하라는 사명을 주십니다.

1. 하나님이 우리의 교만한 계획들과 불순종을 보십니다(창 11:1-5)

[1]온 땅의 언어가 하나요 말이 하나였더라 [2]이에 그들이 동방으로 옮기다
가 시날 평지를 만나 거기 거류하며 [3]서로 말하되 자, 벽돌을 만들어 견
고히 굽자 하고 이에 벽돌로 돌을 대신하며 역청으로 진흙을 대신하고
[4]또 말하되 자, 성읍과 탑을 건설하여 그 탑 꼭대기를 하늘에 닿게 하여
우리 이름을 내고 온 지면에 흩어짐을 면하자 하였더니 [5]여호와께서 사
람들이 건설하는 그 성읍과 탑을 보려고 내려오셨더라

이 본문을 읽고 여러분은 이렇게 생각할지도 모릅니다. "이 계획에서 잘못된 게 뭐지? 이미 도시와 고층 건물이 가득한 세상에서 도시와 탑을 건축하기로 결정한 게 뭐가 잘못이지?" 이에 대한 창세기 저자의 기록을 살펴봅시다.

"그들이 동방으로 옮기다가 …"
"서로 말하되 …"
"성읍과 탑을 건설하여 그 탑 꼭대기를 하늘에 닿게 하여"
"우리 이름을 내고"
"온 지면에 흩어짐을 면하자."

이들의 행동은 악합니다. 이들은 하나님의 선하심을 다시 한 번 버리고 자신들을 위해 자신들이 좋다고 생각한 것을 선택했습니다.

Q 바벨탑 사건에서 사람들이 함께 모여 하나님께 불순종한 것을 볼 수 있습니다. 불순종하는 데에 '함께함'은 어떠한 역할을 합니까?

____

____

____

"인류는 자신의 경계선을 어떻게 지킬지를 관리하기보다는, 항상 더 많은 것을 갈구하며 더 큰 것들을 향해 손을 뻗는다는 것에 주목하십시오. 이것이 바로 인류가 잃어버린 것입니다. 인류는 자신의 한계를 인식할 준비가 되어 있지 않고, 항상 더 많은 것에 정욕을 품고, 자신의 역량 이상의 야망을 갖습니다."[1]
_크리소스톰

Q 반대로 순종하는 데에 '함께함'은 어떤 역할을 합니까?

____

____

바벨탑 사건을 우리의 삶과 무관한 과거의 이야기로 치부해서는 안 됩니다. 이 사건은 인간이 하나님의 선하심에 등을 돌렸다는 것을 말해 줍니다. 그들은 하나님이 계시지 않은 것처럼 살았고, 하나님의 왕국을 증언하기보다 자신들의 왕국을 건설했으며, 하나님의 명령에 불순종했습니다.

5절을 다시 한 번 보십시오. 우리는 때때로 하나님이 우리의 계획을 보지 않으시거나 무관심하다고 생각합니다. 그러나 하나님은 보셨고, 보고 계십니다. 하나님은 돌보셨고, 지금도 여전히 돌보고 계십니다.

그리스도인들이 '우리 이름을 내는' 방법에는 어떤 것들이 있습니까?

2. 하나님이 우리 자신의 왕국을 세우려는 시도들을 심판하십니다 (창 11:6-7)

살피고 돌보는 하나님이 계시기 때문에 심판이 있는 것입니다. 우리는 이 심판이 어떤 형태로 사람들에게 임하는지 곧 보게 될 것입니다. 그러나 그보다 먼저 본문이 하나님의 행동을 어떻게 묘사하는지 살펴 봅니다. 본문에서 사람들은 무엇인가를 건축하면서 그것이 하늘에 닿기를 바랍니다. 그러나 하나님의 눈에는 그것이 하나의 점으로밖에 보이지 않았습니다. 점처럼 너무 작았기 때문에 하나님은 그것을 '보려고 내려'오셔야 했습니다(5절). 하나님은 시날 땅에 있는 사람들을 심판하기로 결정하셨습니다. 그들의 행동에 위협을 느껴서가 아니라, 그들의 마음을 심히 우려하셨기 때문입니다. 하나님은 죄의 확산을

핵심교리 99

13. 초월적이신 하나님

하나님의 초월성은 하나님이 피조세계와 구별되며 독립적으로 존재하신다는 사실을 의미합니다. 하나님은 선함과 순전함뿐 아니라 위대함과 권능에서도 우리를 초월하신 분입니다. 이 교리는 하나님이 본질적으로 인간보다 우월하시다는 것을 뜻합니다. 주님의 생각과 주님의 길은 우리의 생각과 우리의 길보다 뛰어납니다(사 55:8~9). 하나님은 구원하실 때, 인간의 존재 목적을 성취하도록 우리를 회복시켜 주십니다. 그렇다고 우리가 하나님이 된다거나 하나님과 인간 사이의 구별이 없어진다는 뜻은 아닙니다. 하나님의 초월성의 교리를 알게 되면 주님의 선하심과 권능에 대한 놀라움과 경외감을 느끼게 됩니다.

늦추길 원하셨습니다.

[6]여호와께서 이르시되 이 무리가 한 족속이요 언어도 하나이므로 이같
이 시작하였으니 이 후로는 그 하고자 하는 일을 막을 수 없으리로다
[7]자, 우리가 내려가서 거기서 그들의 언어를 혼잡하게 하여 그들이 서로
알아듣지 못하게 하자 하시고

Q **하나님은 인간의 건축 계획을 멈추기로 작정하셨습니다. 이를 위해 하나님이 하신 행동을 보고 느낀 점은 무엇입니까?**

"하나님을 향한 진정한 죄는 하나님 없이 있는 것입니다. 그것은 교만이고, 나 자신을 숭배하는 것입니다."[2] _오스왈드 챔버스

Q **하나님의 심판 중에서 자비의 요소를 찾아보십시오.**

하나님은 사람들의 언어를 혼잡하게 하셔서 탑의 건축을 멈추게 하셨습니다. 탑을 무너뜨리거나 건축자들을 번개로 치거나 큰 지진을 일으키실 수도 있었을 것입니다. 그러나 하나님은 그들의 언어를 혼잡하게 하셔서 그들의 악이 심해지는 것을 저지하셨습니다.

하나님의 심판이 임하지만, 거기에는 자비의 징표도 있습니다. 6절에서 하나님은 "이 무리가 한 족속이요 언어도 하나이므로 이같이 시작하였으니 이 후로는 그 하고자 하는 일을 막을 수 없으리로다"라고 하셨습니다. 즉 그들은 동일한 언어를 사용하는 한 민족이었기 때문에 하고자 하는 일은 무엇이든 할 수 있었습니다.

그렇다면 무엇이 문제입니까? 그들의 심령입니다. 대홍수는 죄 문제를 해결하지 못했습니다. 대홍수 후에도 여전히 죄가 사람의 심령에 남아 있었습

니다. 그러면 하나님이 대홍수로 이루신 것은 무엇입니까? 죄의 진척 속도를 늦춘 것입니다. 이와 마찬가지로 하나님은 그들의 언어를 혼잡하게 하여 다시금 죄가 확산되는 것을 늦추셨습니다. 만일 인간이 한마음과 한 언어로 서로 연합해 수천 년 동안 악을 한 가지씩 행했다면 지금 우리는 어떤 세상에 살고 있을까요?

하나님의 징계를 받는 동안 경험한 하나님의 자비하심에 대해 이야기해 보십시오.

3. 하나님이 우리의 우상 숭배적 계획들을 실패하게 하십니다

(창 11:8-9)

[8]여호와께서 거기서 그들을 온 지면에 흩으셨으므로 그들이 그 도시를 건설하기를 그쳤더라 [9]그러므로 그 이름을 바벨이라 하니 이는 여호와께서 거기서 온 땅의 언어를 혼잡하게 하셨음이니라 여호와께서 거기서 그들을 온 지면에 흩으셨더라

"그들이 그 도시를 건설하기를 그쳤더라." 하나님이 자비로운 심판으로 그들의 언어를 혼잡하게 하셔서 인간의 우상 숭배적 계획들을 실패하게 하셨습니다.

일이 계획대로 잘 되지 않으면 우리는 상실감과 슬픔을 느낍니다. 자기중심적인 생각과 자기 체면과 명예에 몰두하면 상처받을 일이 많고, 앞길을 막는 사건들이 발생합니다. 만약 오랫동안 나의 생각과 계획과 의사 결정의 순간에 하나님이 함께하시지 않았고, 내가 계획하고 결정한 모든 것이 실패로 끝났다면, 하나님의 심판을 받았다고 생각할지도 모릅니다. 그러나 우리는 인간의 우상 숭배적 계획들을 제거하시는 하나님의 심판 속에 숨어 있는 하나님의 자비를 볼 수 있어야 합니다.

Q **나의 왕국을 세우려는 시도를 하나님께 심판받은 적이 있습니까? 하나님 없이 성공하는 것보다 실패하는 것이 더 나은 이유는 무엇입니까?**

하나님이 인간의 우상 숭배적 계획들을 실패하게 하신다는 것은 좋은 소식입니다. 하나님은 인간의 유익을 위하시며 인간이 하나님 안에서 만족하며 살기 원하시기 때문에 우리가 다른 것에서 즐거움을 찾으려고 하면, 하나님은 그것들을 모두 서서히 제거하십니다.

우리는 종종 삶의 실패를 재난이나 하나님의 심판의 징조로 해석합니다. 창세기 11장은 우리의 계획이 자주 실패하는 이유는 그것이 하나님의 계획이 아니라 우리의 계획이었기 때문이라고 일깨워 줍니다. 우리는 기도하지 않고 내 생각으로 어떤 일을 계획하곤 합니다. 그리고 하나님께 의존하지 않고 내 마음대로 진행합니다. 이것의 뿌리는 믿음이 아니라 불순종입니다. 하나님을 예배하며 영광 돌리는 것이 아니라 우상을 숭배하고, 자신이 영광받으려는 것입니다.

하나님은 선하심과 은혜로 그런 계획들을 실패하게 하십니다. 하나님의 목표는 인간을 하나님께 돌아오게 하는 것입니다. 하나님은 우리가 하나님 외에 우리를 만족시킬 것이 아무것도 없음을 깨닫기를 바라십니다. 만약 인간의 우상 숭배적인 계획이 실패하지 않는다면, 인간은 계속해서 하나님을 거부하고 무엇이 잘못되었는지 모른 채 살아갈 것입니다.

우리의 계획이 우상 숭배적인지 아닌지 분별하게 해 주는 징후들은 무엇입니까?

Q 하나님과의 관계를 떠나 성공만 추구하고 있지 않은지 어떻게 분별할 수 있습니까?

"그것은 단지 하나님의 심판 행위가 아니었습니다. 하나님이 이 사건에 역사하셔서 인간의 죄악 된 의도를 무산시키시고, 피조물에 대한 하나님의 목적을 섭리 가운데 진척시키셨습니다."[3] _키이스 위트필드

결론

'심판 속의 자비'는 창세기 전체와 구약성경 전체에서 발견되며, 예수님의 십자가를 예표하고 있습니다. 십자가는 궁극적으로 하나님의 심판과 자비를 보여 줍니다. 하나님은 우리 죄에 대한 진노와 심판을 십자가에 온전히 쏟아부으셨습니다. 그러나 동시에 자비와 사랑도 함께 부으셨습니다. 하나님은 심판을 받아 마땅한 자들에게 심판을 붓지 않으시고, 그 대신 자신의 아들에게 부으셨습니다.

우리에게는 복음을 땅끝까지 전할 책임이 있습니다. 이것은 위대한 임무입니다. 꼭대기가 하늘에 닿을 만한 탑을 쌓는 것에 비할 바가 아닙니다. 이것은 우리의 계획이 아니라 하나님의 계획입니다. 이 임무가 너무 크다고 느껴지면, 예수님의 첫 제자들은 어떻게 느꼈을지 생각해 보십시오. 박해와 죽음의 위협에 직면한 제자들이 도대체 어떻게 복음을 땅끝까지 전할 수 있었을까요?

예수님은 우리에게 우리를 돕는 분, 곧 성령을 약속하셨습니다. 사도행전 2장에서 성령이 오시자 '안티 바벨'(anti-Babel) 역사가 일어났습니다. 성령께서 신자들을 충만히 채우셔서 복음을 말하게 하시자, 그것을 들은 모든 사람이 자신의 언어에 관계없이 복음을 이해했습니다.

구원받지 못하고 죄의 심령을 가진 채 자기의 왕국을 세우고 자기의 사명을 성취하려는 사람들에게 하나님은 "이 무리가 한 족속이요 언어도 하나

이므로 이같이 시작하였으니 이 후로는 그 하고자 하는 일을 막을 수 없으리로다"라고 말씀하셨습니다. 그러나 우리는 어떠합니까? 우리는 새로운 심령, 구원받은 심령을 지니고 있습니다. 우리는 하나님의 나라를 확장하고 하나님이 주신 사명을 성취하기 위해 힘써야 하는 사람들입니다. 우리에게는 성령이 계십니다. 대위임령을 성취하는 것이 도전적인 과제로 보이겠지만, 우리는 믿어야 합니다. 성령으로 하나 되고 성령으로 충만한 하나님의 구원받은 백성으로서 우리가 하나님의 뜻에 따라 하고자 하는 일을 막을 수 있는 것은 아무것도 없다는 사실을 믿어야 합니다.

"복음의 위대함은 복음이 어느 지역에 국한되지 않는다는 점입니다. 복음은 부족 종교가 아닙니다. 복음은 모든 언어와 모든 민족 가운데 침투합니다."[4]

_존 파이퍼

그리스도와의 연결

하나님은 자신의 이름을 크게 내려던 사람들의 언어를 혼란에 빠뜨리셨습니다. 그러나 수천 년 후 오순절에 하나님은 그 언어의 장벽을 허무시고 자신의 백성이 세상에 흩어져 하나님의 아들 예수님의 위대한 이름을 알리게 하셨습니다.

하나님의 계획 우리의 사명

하나님이 우리를 부르신 이유는 스스로의 왕국 건설을 포기하고,
예수님의 위대한 이름을 알리는 데 헌신하게 하기 위해서입니다.

1. 하나님이 우리의 교만한 계획과 불순종을 깨우치실 때 우리가 밟아야 할 다음 단계는 무엇입니까?

____

____

____

2. 하나님의 아들 예수님의 위대한 이름을 알리기 위해 우리가 멈춰야 할 개인적 왕국 건설에는 어떤 것들이 있습니까?

____

____

____

3. 성령께서 어떻게 우리를 도와 예수님의 이름을 높이는 사명을 수행하게 하십니까?

____

____

____

*

금주의 성경 읽기
창 24-29장

언약의 하나님

창세기 12-50장

Unit 2

암송 구절

아브람이 여호와를 믿으니 여호와께서 이를 그의 의로 여기시고

창세기 15장 16절

4/29/2018

아브라함과 언약을 맺으시는 하나님

신학적 주제

한 나라를 택하신 하나님은 그 나라를 통해 죄의 저주를 돌이키시고 세상을 하나님의 나라로 다시 만드십니다.

결혼 연령이 높아지고, 심지어 결혼을 안 하는 사람도 많아지고 있습니다. 이렇게 결혼 문화가 이전과는 달라졌지만 미혼 남녀들은 여전히 결혼에 대한 환상을 가지고 있습니다.

결혼은 언약 관계로 남녀가 서로를 결속하는 약속입니다. 아플 때든 건강할 때든, 부유할 때든 가난할 때든, 죽음이 갈라놓을 때까지 서로 사랑하겠다고 작정하는 것입니다. 언약은 상대방이 어떻게 하든 어떻게 되든 상관없이 서약을 지키기로 양자가 동의하는 것입니다.

그러나 안타깝게도 많은 사람이 언약이 아닌 '계약'으로 결혼에 접근합니다. 계약은 한쪽에서 깨뜨리면 무효가 됩니다. 그래서 '계약'으로서의 결혼은 부부 사이에 기대가 채워지지 않으면 관계에 문제가 발생합니다.

언약에 대한 이러한 태도는 결혼뿐 아니라 하나님과의 관계에 대한 우리의 관점도 바꾸어 놓습니다. 왜 그럴까요? 성경이 하나님과 그 백성의 관계를 언약으로 묘사하기 때문입니다. 그런데 종종 사람들은 하나님과의 관계를 계

Date . .

약으로 생각합니다. "내가 나의 역할을 잘 해야 하나님도 하나님의 역할을 하셔서 나를 축복하시고, 내가 죽으면 천국에 데려가실 거야. 그러나 만일 내가 선을 행했는데, 하나님이 내가 원하시는 것을 주지 않으신다면, 나는 그만둘래!"

"하나님이 아브람을 부르신 것은 인간의 악함, 국가 간의 전쟁, 피조물 전체의 신음과 깨짐에 대한 하나님의 응답의 시작이었습니다."[1]
_크리스토퍼 라이트

Q 하나님과 거래를 한 적이 있습니까? 어떤 거래였습니까?

____

____

____

Q 왜 우리는 관계에 대해 언약이 아닌 계약의 태도를 취할까요?

____

____

핵심교리 **99** **66. 선택**

하나님의 선택은 은혜로운 목적을 가지고 있습니다. 하나님은 선택을 통해 죄인에게 중생, 칭의, 성화, 영화를 주십니다. … 하나님의 선택은 주권적 선하심을 영광스럽게 나타내며 무한히 지혜롭고 거룩하며 불변합니다. 우리로 하여금 자랑하지 못하게 하며 겸손하게 합니다.

____

이 세션에서 우리는 하나님이 언약을 맺으시는 분이라는 것을 배울 것입니다. 죄 때문에 사람들은 하나님과 분리되었고(에덴), 서로 간에도 분리되었습니다(바벨탑). 그러나 하나님은 한 사람, 한 가족을 택하셨고 이들을 통해 이 분리를 돌이키겠다고 약속하셨습니다. 이 약속은 후에 아브라함의 후손이신 나사렛 예수를 통해 성취되었습니다. 그리고 이 약속은 오늘날에도 교회를 통해 완수되고 있습니다. 온 세계의 사람들이 복음을 믿어 하나님의 가족이 되고 있습니다.

1. 하나님이 주도적으로 사람과의 관계를 다시 시작하셨습니다

(창 12:1-4)

1여호와께서 아브람에게 이르시되 너는 너의 고향과 친척과 아버지의 집을 떠나 내가 네게 보여 줄 땅으로 가라 2내가 너로 큰 민족을 이루고 네게 복을 주어 네 이름을 창대하게 하리니 너는 복이 될지라 3너를 축복하는 자에게는 내가 복을 내리고 너를 저주하는 자에게는 내가 저주하리니 땅의 모든 족속이 너로 말미암아 복을 얻을 것이라 하신지라 4이에 아브람이 여호와의 말씀을 따라갔고 롯도 그와 함께 갔으며 아브람이 하란을 떠날 때에 칠십오 세였더라

Q **여호와께서 아브람에게 말씀하실 때 나오는 '내가'에 동그라미를 치십시오. 이것을 통해 하나님이 자신의 영광과 구원 계획에 얼마나 전념하시는지 알 수 있습니까?**

하나님은 아브람의 후손을 통해 에덴(하나님과의 분리)과 바벨(서로 간의 분리) 사건을 돌이키실 것입니다. 하나님이 아브람과의 언약 관계를 통해 비극을 돌이키실 것입니다. 그 언약 관계 가운데 하나님이 아브람에게 세 가지 — 땅, 후손, 축복 —를 약속하셨습니다

약속의 땅

첫째, 아브람에게 땅을 약속하셨습니다. 하나님은 아브람에게 그의 땅을 떠나 다른 땅으로 가라고 명령하셨습니다. 이 본문은 아브람이 하나님의 명령에 순종해 하란을 떠나 가나안, 곧 약속의 땅으로 떠나는 것으로 끝이 납니다. 아브람의 순종은 그가 하나님의 약속을 믿는다는 표현입니다.

약속된 후손

둘째, 아브람을 큰 나라로 만드시겠다는 말씀으로 후손을 약속하셨습니다. 이 약속은 창세기 3장 15절 약속의 연장선상에 있습니다. 여러 중요 지점에

서 하나님은 아브람의 '씨'(15:5; 17:8)를 언급하십니다. 이 약속은 창세기에 나오는 아브람 이야기에서 가장 우선적인 초점입니다. 아브람의 아내 사래가 자녀를 갖지 못했기 때문입니다.

약속된 축복

마침내 하나님이 아브람과 그의 후손을 통해 땅의 모든 족속을 축복하실 것을 약속하셨습니다. 이 구절들은 이후 역사의 무대를 놓아주는 핵심입니다. 하나님의 계획은 단지 소수만이 아니라, 땅의 모든 족속을 찾아 구원하는 것입니다. 하나님은 땅의 모든 백성에게 언약의 주가 되길 원하십니다. 아브람에게서 이스라엘 백성이 나오며, 그들은 온 나라의 빛이 되어 그 나라들이 유일하게 살아 계신 참 하나님을 예배하도록 이끌라는 부르심을 받았습니다.

Q 하나님은 아브람과의 관계를 주도적으로 시작하셨습니다. 이 관계는 아브람에게 부르심에 순종할 것을 요구합니다. 아브람이 하나님께 순종해 그의 땅을 떠난 이유는 무엇입니까?

Q 만약 하나님이 세상의 관점으로 볼 때 타당하지 않은 것을 명령하신다면, 말씀에 순종하기 위해 내게 필요한 것은 무엇일까요?

---

2. 하나님의 신실하심을 신뢰하라고 명령하십니다(창 15:1-6)

때때로 눈에 보이는 증거는 약속과 반대로 나타납니다. 하나님이 아브람에게 멋진 약속들을 하셨지만 아브람과 사래에게는 자녀가 없었습니다. 두 사람 모두 나이가 많았고, 심지어 사래는 임신 가능 시기가 지났습니다. 기다리다 지친 아브람은 하나님께 질문하기 시작했고, 문제를 자기 손에 쥐고 해결하려고 했습니다.

1이 후에 여호와의 말씀이 환상 중에 아브람에게 임하여 이르시되 아브
람아 두려워하지 말라 나는 네 방패요 너의 지극히 큰 상급이니라 2아브
람이 이르되 주 여호와여 무엇을 내게 주시려 하나이까 나는 자식이 없
사오니 나의 상속자는 이 다메섹 사람 엘리에셀이니이다 3아브람이 또
이르되 주께서 내게 씨를 주지 아니하셨으니 내 집에서 길린 자가 내 상
속자가 될 것이니이다

아브람은 하나님의 큰 약속에도 불구하고 의심했습니다. 그는 하나님의 약속과 자신의 처지를 살펴보았습니다. 그러고는 하나님이 모르실까 봐 종 엘리에셀을 상속자로 삼는 방안을 귀띔했습니다. 아브람의 이런 의심이 도저히 상상할 수 없는 것이라고는 말할 수 없을 것입니다. 우리 삶에도 하나님의 약속들이 이루어지지 않을 것 같은 때가 종종 있기 때문입니다.

Q **재정, 결혼, 양육, 관계 등 삶의 제반 영역에서 하나님의 약속을 신뢰하며 살아가고 있습니까? 원하는 결과를 얻기 위해 문제를 손에 쥐고 스스로 해결하려고 했던 경험을 이야기해 보십시오.**

Q **이러한 우리의 성향을 어떻게 변화시킬 수 있을까요?**

아브람이 의심하는 와중에도 하나님은 그에게 오셔서 약속들을 다시 말씀하실 뿐 아니라 새로운 약속들을 더하셨습니다. 그제야 아브람은 하나님을 믿었습니다.

4여호와의 말씀이 그에게 임하여 이르시되 그 사람이 네 상속자가 아니
라 네 몸에서 날 자가 네 상속자가 되리라 하시고 5그를 이끌고 밖으로 나
가 이르시되 하늘을 우러러 뭇별을 셀 수 있나 보라 또 그에게 이르시되
네 자손이 이와 같으리라 6아브람이 여호와를 믿으니 여호와께서 이를

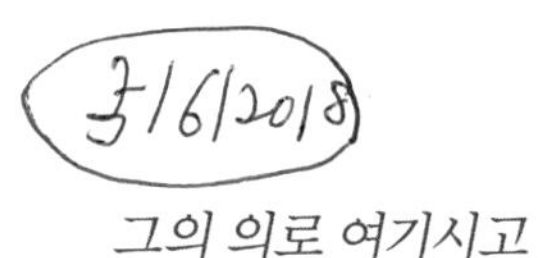

그의 의로 여기시고

아브람은 하나님의 약속을 믿었고, 하나님은 그것을 아브람의 의로 여기셨습니다. 갈라디아서 3장에서 바울은 아브람의 믿음을 구원받게 하는 믿음의 모델로 지목합니다. 바울은 우리가 규칙 준수로 의롭다 함을 받는 것이 아니라고 말합니다(갈 3:11). 하나님의 율법을 어기는 자들은 저주를 받는데, 우리는 모두 율법에 대한 범법자들입니다. 그러나 감사하게도 그리스도께서 십자가에서 우리를 위해 대신 저주를 받으셨습니다(갈 3:13). 칭의는 오직 예수님을 믿음으로 얻습니다. 아브람의 경우와 마찬가지로 하나님의 의를 우리의 구좌에 거저 넣어 주십니다(갈 3:6-7). 오늘 우리는 하나님의 약속을 신뢰하도록 부름받았습니다.

Q **하나님과의 관계가 규칙을 얼마나 잘 지키느냐에 달려 있다고 생각합니까?**

Q **규칙 중심의 삶은 우리를 어떤 사람으로 만듭니까?**

바울의 갈라디아서 논증은 하나님이 어떻게 아브람의 후손을 하늘의 별처럼 많게 하신다는 약속을 성취하실 것인지 보여 줍니다. 바울은 로마서와 갈라디아서에서 이것을 분명히 밝혔습니다. 아브라함의 후손이 되는 것은 DNA의 문제가 아니라 예수 그리스도를 믿는 '믿음'의 문제입니다(롬 4:11-12; 갈 3:7). 아브람의 믿음을 가진 자만이 아브라함의 아들이며, 천국에서 땅 위의 모든 족속으로 이루어진 무수한 무리가 될 것입니다(계 7장 참조).

3. 하나님은 자신의 사람들이 구별되기를 바라십니다(창 17:1-14)

여호와께서 어떻게 자신을 아브람과 그의 후손(궁극적으로 예수님, 그리고 예수님을 믿는 모든 자)에게 언약이라는 수단으로 묶어 놓으셨는지 보았습니다. 심지어 하나님은 그것들이 이루어지지 않는다면 친히 저주를 받으시겠다고 작정하셨습니다(창 15:7-21). 이 관계 가운데 인간의 책임은 무엇입니까? 창세기 17장에 그 답이 있습니다.

1아브람이 구십구 세 때에 여호와께서 아브람에게 나타나서 그에게 이르시되 나는 전능한 하나님이라 너는 내 앞에서 행하여 완전하라 2내가 내 언약을 나와 너 사이에 두어 너를 크게 번성하게 하리라 하시니 3아브람이 엎드렸더니 하나님이 또 그에게 말씀하여 이르시되 4보라 내 언약이 너와 함께 있으니 너는 여러 민족의 아버지가 될지라 5이제 후로는 네 이름을 아브람이라 하지 아니하고 아브라함이라 하리니 이는 내가 너를 여러 민족의 아버지가 되게 함이니라 6내가 너로 심히 번성하게 하리니 내가 네게서 민족들이 나게 하며 왕들이 네게로부터 나오리라 7내가 내 언약을 나와 너 및 네 대대 후손 사이에 세워서 영원한 언약을 삼고 너와 네 후손의 하나님이 되리라 8내가 너와 네 후손에게 네가 거류하는 이 땅 곧 가나안 온 땅을 주어 영원한 기업이 되게 하고 나는 그들의 하나님이 되리라 9하나님이 또 아브라함에게 이르시되 그런즉 너는 내 언약을 지키고 네 후손도 대대로 지키라 10너희 중 남자는 다 할례를 받으라 이것이 나와 너희와 너희 후손 사이에 지킬 내 언약이니라 11너희는 포피를 베어라 이것이 나와 너희 사이의 언약의 표징이니라 12너희의 대대로 모든 남자는 집에서 난 자나 또는 너희 자손이 아니라 이방 사람에게서 돈으로 산 자를 막론하고 난 지 팔 일 만에 할례를 받을 것이라 13너희 집에서 난 자든지 너희 돈으로 산 자든지 할례를 받아야 하리니 이에 내 언약이 너희 살에 있어 영원한 언약이 되려니와 14할례를 받지 아니한 남자 곧 그 포피를 베지 아니한 자는 백성 중에서 끊어지리니 그가 내 언약을 배반하였음이니라

여호와께서 아브람을 부르셔서 하나님 앞에 흠 없이 행하라고 말씀하십니다. 아브람의 후손을 많게 하셔서 그가 열국의 아버지가 될 것이라는 약속을 재천명하시고, 여호와께서 아브람의 이름을 '아브라함'으로 바꾸셨습니다. 이는 '여러 민족의 아버지'를 의미합니다(창 17:5). 그뿐만 아니라 왕들이 아브라함의 가문에서 나올 것입니다. 그는 왕의 계보를 생산할 것입니다(물론 그것은 만왕의 왕 나사렛 예수로 이어집니다).

하나님은 약속들을 지키실 것이며, 아브라함도 하나님 앞에서 흠이 없어야 할 책임이 있습니다. 그 언약은 조건적인 동시에 무조건적이었습니다. 그것은 반드시 이루어질 것이지만 아브라함의 후손 중 한 명이 흠이 없어야만 했습니다. 그러나 모두 흠이 있었고, 오직 예수 그리스도만 예외였습니다.

그리스도를 믿는 믿음을 통해 우리는 아브라함의 자녀가 됩니다.

Q 우리가 하나님이 택하신 백성이라는 사실을 통해 알 수 있는 하나님 사랑의 특징은 무엇입니까?

Q 하나님은 자신의 백성과 어떻게 관계를 맺으시며 또 어떻게 그 관계를 유지하실까요?

그러고 나서 하나님이 아브라함에게 언약의 표를 주셨습니다. 그 물리적 표로 아브라함의 가족을 구별해 모든 사람에게 그들이 하나님의 백성임을 알리셨습니다. 우리는 이 같은 언약의 징표에 익숙합니다. 결혼식에서 교환하는 반지는 결혼 언약의 가시적 상징입니다.

창세기 17장에는 하나님과 아브라함 사이에 맺은 언약의 징표가 나옵니다. 아브라함과 그의 후손이 영원한 언약으로 지켜야 하는 것, 바로 '할례'입니다. 모든 남자는 언약의 징표로 할례를 받아야 했습니다. 이 외적 상징을 하나님 백성의 육체에 표시해 그들을 세상의 다른 민족들과 구별했습니다. 이것을 지키는 것은 중요한 사안이었습니다. 왜냐하면 할례를 받지 않으면 백성 중에서 끊어지기 때문입니다(즉, 하나님의 백성이 아닙니다).

열국에 진정한 축복이 되기 위해 하나님 백성은 세상과 구별되어야 했습니다. 오늘날 우리도 마찬가지입니다. 그리스도인은 세상과 구별되어야 합니다. 신체적 할례로가 아니라 '마음의 할례'로 말입니다(롬 2:29). 우리의 삶 속에서 하나님이 주신 구속의 은혜의 표를 지녀야 합니다.

Q **하나님과 함께 사명을 수행하지만 거룩함을 추구하는 데 실패할 수 있다면 그 이유는 무엇입니까?**

결론

하나님은 창세기 12장에서 아브람과 언약을 맺으시고, 그 관계를 통해 세상을 축복하고자 하셨습니다. 그 약속이 나사렛 예수님을 통해 결실을 맺었습니다. 하나님은 그리스도 안에 있는 모든 사람과 무조건적인 사랑의 언약을 맺으십니다. 그 진리가 우리에게 소망을 주어 하나님의 영광에 이르지 못한다는 죄책감으로부터 자유롭게 할 뿐 아니라, 우리를 세상으로 보내 '땅의 모든 족속'이 예수님의 축복을 받게 합니다.

하나님이 이 약속을 아브람에게 주신 장소인 하란은 오늘날 터키 남동부에 있는 이슬람 지역으로 예수 그리스도의 복음에 저항하는 곳입니다. 하나님이 모든 민족을 축복하시겠다고 약속하셨던 바로 그 지역이 아브라함의 후손, 예수 그리스도를 통한 축복을 받아들이지 않고 알라에게 기도하며 살아가고 있습니다. 우리의 임무는 세상의 빛이 되어, 복음의 축복을 이 땅의 모든 민족에게 전하는 것입니다. 우리는 미전도 종족을 위해 기도하고 그들에게 선교사를 파송하도록 헌금하며 그들에게 가서 그들이 복음을 통해 하나님의 축복을 받게 해야 합니다.

그리스도와의 연결

하나님은 아브라함의 후손을 통해 세상이 복을 받게 될 것이라고 약속하셨습니다. 구원을 이루신 예수 그리스도는 아브라함에게 약속된 후손입니다.

하나님의 계획
우리의 사명

하나님은 우리를 아브라함의 계보를 잇는 믿음의 가족으로 선택하셨습니다. 우리는 세상에서 축복의 통로로 쓰임받기 위해 부름받은 백성입니다.

1. 우리가 지역과 해외와 세계 모든 나라의 빛이 되는 데 참여할 수 있는 방법은 무엇입니까?

2. 믿음에 초점을 맞춘 삶은 우리를 어떤 사람으로 이끕니까?

3. 우리의 거룩함과 구별됨이 하나님의 백성으로서의 사명에 어떤 영향을 미칩니까?

*
금주의 성경 읽기
창 30-37장

5/6/2018

아브라함을 시험하시는 언약의 하나님

신학적 주제 **믿음은 구원의 약속에 신실하신 하나님을 신뢰하는 것입니다.**

6/10/2018

창세기 21장 우물과 a,

Session 8

미국인을 대상으로 실시한 천국에 대한 인식 조사 결과 67%의 응답자가 '천국을 믿는다'라고 대답했습니다. 그런데 대다수의 응답자들이 천국에 가기 위해서 '착한 사람이 되어야 한다'라고 답했습니다.[1] 사실 이것은 그리 놀랄 만한 결과는 아닙니다. 왜냐하면 대중문화가 계속해서 선한 행실과 노력으로 하나님께 도달할 수 있다고 전파하기 때문입니다.

그러나 그리스도인은 그렇지 않다는 것을 압니다. 성경은 일관되게 구원은 오직 은혜로, 오직 믿음으로 이루어진다고 가르칩니다. "행위에서 난 것이 아니니 이는 누구든지 자랑하지 못하게 함이라"(엡 2:9). "그러므로 사람이 의롭다 하심을 얻는 것은 율법의 행위에 있지 않고 믿음으로 되는 줄 우리가 인정하노라"(롬 3:28).

신약성경은 우리가 믿음으로 구원받는 것이지, 행위로 받는 것이 아니라고 분명히 밝힙니다. 그러나 신약성경 한 편에서는 우리를 구원하는 믿음에는 행위가 수반되어야 한다고도 말합니다. 야고보는 진정한 믿음, 구원을 얻는 믿

Date . .

음은 순종으로 진정성을 나타내 보인다고 했습니다(약 2:20-24). 구원에 이르는 믿음은 그 믿음으로 말미암는 행위로 그것이 참 믿음임을 드러냅니다.

Q 그리스도인이 되는 것은 '착한 사람이 되는 것'이냐고 묻는 사람에게 어떻게 대답하겠습니까?

> *"아브라함은 자신의 아들 이삭을 바쳤습니다. 이때 아브라함은 하나님 아버지를, 이삭은 우리 구주를 예표합니다."*[2]
>
> _아를의 카이사리우스

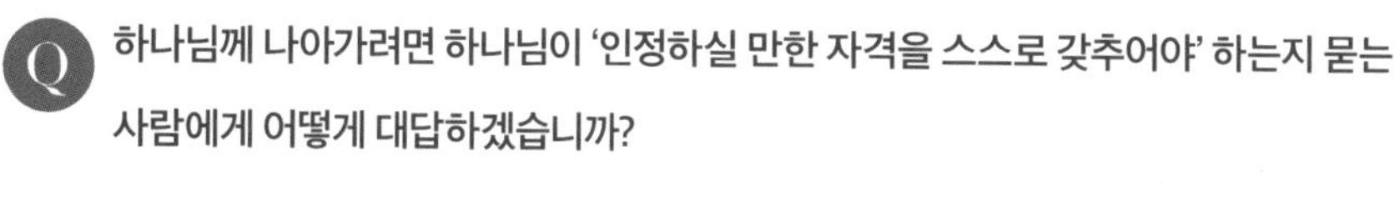

Q 하나님께 나아가려면 하나님이 '인정하실 만한 자격을 스스로 갖추어야' 하는지 묻는 사람에게 어떻게 대답하겠습니까?

지난 세션에서 하나님이 땅의 사람들 중에서 구원자가 오실 통로이자 믿음의 조상이 될 아브라함을 어떻게 선택하셨는지 보았습니다. 아브라함은 나이가 많았고 자녀가 없었지만, 하나님이 자신에게 주신 약속을 지켜 주시리라 믿었습니다.

이 세션에서 우리는 하나님이 아브라함의 믿음을 어떻게 시험하시는지 보게 될 것입니다. 하나님이 아브라함에게 이삭을 제물로 바치라고 명령하셨습니다. 아브라함은 하나님이 어떤 방식으로든 말씀에 신실하실 것임을 믿고 기꺼이 순종했습니다. 사랑하는 아들을 바쳐야 하는데도 말입니다. 이 사건은 하나님이 죄에 대해 요구하시는 특별한 제물과 하나님의 약속을 믿는 구원의 믿음을 보여 줍니다. 우리가 하나님의 약속을 받아들이면, 하나님은 우리에게 사명을 감당할 능력을 주십니다.

1. 하나님이 특별한 희생 제물을 요구하셨습니다(창 22:1-6)

하나님은 아브라함과 언약을 맺으셨습니다. 하늘의 별처럼 수많은 후손을 통해 땅의 모든 나라가 축복받을 것이라고 약속하셨습니다. 아브라함의 가족을 통해 이 땅의 백성을 구속하시겠다고 약속하셨습니다.

아브라함과 사라에게는 자녀가 없었으며, 사라는 임신이 가능한 때가 지났습니다. 그러나 하나님은 아브라함 부부가 자녀를 갖게 될 것이라고 반복해서 말씀하셨고, 아브라함은 하나님의 약속을 믿었습니다.

세션 7과 세션 8 사이에는 몇 가지 사건이 있습니다. 그중에는 하나님의 약속 성취를 위협하는 사건들도 있습니다. 아비멜렉 왕이 사라를 아내로 취하려고 한 것이 바로 그것입니다. 그러나 신실하신 하나님이 그들을 지켜 주셨고, 아브라함은 기적처럼 아들 이삭을 얻었습니다(창 21장). 이삭은 약속의 자녀입니다. 이삭을 통해 하나님의 약속들이 이루어질 것입니다. 이삭은 하나님의 상속자이기 때문입니다.

그러나 이삭이 출생한 지 10여 년 후 아브라함의 믿음은 엄청난 시험을 받게 됩니다. 하나님이 그 어떤 아버지라도 경악할 만한 일을 아브라함에게 명령하셨습니다.

1그 일 후에 하나님이 아브라함을 시험하시려고 그를 부르시되 아브라함아
하시니 그가 이르되 내가 여기 있나이다 2여호와께서 이르시되 네 아들 네 사
랑하는 독자 이삭을 데리고 모리아 땅으로 가서 내가 네게 일러 준 한 산 거기
서 그를 번제로 드리라 3아브라함이 아침에 일찍이 일어나 나귀에 안장을 지
우고 두 종과 그의 아들 이삭을 데리고 번제에 쓸 나무를 쪼개어 가지고 떠나
하나님이 자기에게 일러 주신 곳으로 가더니 4제삼일에 아브라함이 눈을 들
어 그 곳을 멀리 바라본지라 5이에 아브라함이 종들에게 이르되 너희는 나귀
와 함께 여기서 기다리라 내가 아이와 함께 저기 가서 예배하고 우리가 너희
에게로 돌아오리라 하고 6아브라함이 이에 번제 나무를 가져다가 그의 아들
이삭에게 지우고 자기는 불과 칼을 손에 들고 두 사람이 동행하더니

수영을 처음 배울 때는 모든 것이 조심스럽고 걱정됩니다. 얕은 물에서도 빠질까 봐 두려워합니다. 빨리 배워서 깊은 곳에 들어가고 싶지만, 물에 대한 공포심은 쉽게 사라지지 않습니다. 수영장에 가면 어린 자녀에게 수영을 가르치는 아버지들을 종종 볼 수 있습니다. "어서 들어와. 아빠가 받아 줄게." 아버지의 말을 들은 아이는 살금살금 가장자리로 왔다가 물을 들여다보고는 뒤로 물러섭니다. 그 모습을 지켜본 아버지가 다시 말합니다. "아빠를 믿어! 뛰어 내려. 아빠가 잡아 줄게." 그러고는 다시 묻습니다. "아빠 믿지?" "네!" "그럼 뛰어."

누군가를 신뢰한다고 말하기는 쉽습니다. 그러나 신뢰의 증거인 순종은 결코 쉽지 않습니다. 아브라함의 이야기에서 이것을 알 수 있습니다. 아브라함과 언약을 맺으신 하나님이 아브라함의 믿음을 시험하십니다. 하나뿐인 아들 이삭을 모리아 땅의 산에서 희생 제물로 바치라고 하십니다. 약속의 '씨'가 다시금 위기에 처하게 된 것입니다.

Q **아브라함은 자신이 시험받는 줄 몰랐습니다. 우리도 이처럼 부지중에 시험받을 수 있습니다. 아브라함의 사건은 우리의 순종에 어떤 영향을 미칠까요?**

Q **가장 최근에 겪은 하나님의 시험은 무엇입니까?**

이삭을 제물로 바치라는 하나님의 명령은 아브라함의 가족뿐 아니라, 인류 역사에 지대한 영향을 미칠 문제입니다. 오랜 기다림 끝에 사라에게서 얻은 아들과 헤어져야 한다는 것은 오히려 작은 문제입니다. 더 큰 문제는 하나님이 아브라함에게 별처럼 많은 후손을 약속하셨을 뿐 아니라 그의 후손이 세상을 회복시킬 것이라고 약속하셨다는 사실입니다. 만약 이대로 이삭이 죽는다면 하나님의 구원 약속도 그와 함께 죽고 말 것입니다. 아브라함에 대한 하나님의 시험은 인간이 그 뜻을 헤아릴 수 없는 시험이었습니다. 시험의 결과가 구원에 영향을 미치기 때문입니다.

그러나 아브라함은 순종하는 믿음으로 아침 일찍 일어나 제사를 위한 장비를 챙겨 하나님이 명령하신 장소로 출발했습니다. 사흘 길을 가니 제사 드릴 장소가 보였습니다. 아브라함은 종들에게 나귀를 맡기고 예배를 드리기 위해 아들과 함께 산에 올랐습니다. 땔감을 아들 이삭에게 지우고 자신은 불과 칼을 들었습니다.

아브라함은 하나님의 약속에 대한 강한 믿음을 보여 주었습니다. 아브라함은 이삭을 희생 제물로 바치려고 했을 뿐 아니라 어떤 식으로든 이삭이 살아날 것이라고 믿었습니다. 그래서 종들에게 "아이와 함께 저기 가서 예배하고 우리가 너희에게로 돌아오리라"(창 22:5)라고 말했습니다. 그는 설령 이삭이 죽더라도 하나님이 다시 부활시켜 자신에게 하신 후손에 대한 약속을 지키실 것이라고 믿었습니다. 그것을 위해 부활이 필요하더라도 말입니다(히 11:17-19 참조).

아브라함과 이삭이 제사를 드리러 산으로 올라갑니다. 아브라함은 무슨 일이 일어날지 정확히 알지 못했지만 여전히 하나님의 약속을 신뢰했습니다.

하나님이 나에게 말씀으로 시키시는 것들 중에 내 직관과 반대되는 것은 무엇입니까? 왜 하나님은 우리에게 그런 것들을 시키실까요?

2. 하나님이 대속 제물을 제공하셨습니다(창 22:7-14)

7이삭이 그 아버지 아브라함에게 말하여 이르되 내 아버지여 하니 그가
이르되 내 아들아 내가 여기 있노라 이삭이 이르되 불과 나무는 있거니
와 번제할 어린 양은 어디 있나이까 8아브라함이 이르되 내 아들아 번
제할 어린 양은 하나님이 자기를 위하여 친히 준비하시리라 하고 두 사
람이 함께 나아가서 9하나님이 그에게 일러 주신 곳에 이른지라 이에 아
브라함이 그 곳에 제단을 쌓고 나무를 벌여 놓고 그의 아들 이삭을 결박
하여 제단 나무 위에 놓고 10손을 내밀어 칼을 잡고 그 아들을 잡으려 하
니 11여호와의 사자가 하늘에서부터 그를 불러 이르시되 아브라함아 아

브라함아 하시는지라 아브라함이 이르되 내가 여기 있나이다 하매 12사
자가 이르시되 그 아이에게 네 손을 대지 말라 그에게 아무 일도 하지 말
라 네가 네 아들 네 독자까지도 내게 아끼지 아니하였으니 내가 이제야
네가 하나님을 경외하는 줄을 아노라 13아브라함이 눈을 들어 살펴본즉
한 숫양이 뒤에 있는데 뿔이 수풀에 걸려 있는지라 아브라함이 가서 그
숫양을 가져다가 아들을 대신하여 번제로 드렸더라 14아브라함이 그 땅
이름을 여호와 이레라 하였으므로 오늘날까지 사람들이 이르기를 여호
와의 산에서 준비되리라 하더라

이삭이 아버지에게 "번제할 어린양은 어디 있나이까?"라고 물은 것에 주목하십시오. 이삭은 아버지가 칼과 불을 가지고 있고 자신은 나무를 지고 있는데, 제물로 드릴 동물이 없다는 것을 알았습니다. 이삭의 이 질문이 구약 전체에 메아리칩니다. "번제할 어린양은 어디 있나이까?" 아브라함이 대답했습니다. "번제할 어린양은 하나님이 친히 준비하시리라." 이것이 기독교 신앙의 핵심입니다. 우리는 하나님이 구원을 준비하신다고 믿습니다. 하나님은 대속 제물을 준비하시는 분이기 때문입니다.

아브라함이 제단을 쌓고 나무를 벌여 놓습니다. 아들을 결박해 제단 위에 두고 그를 희생 제물로 잡으려고 칼을 들었습니다. 상상만 해도 가슴이 떨립니다. 그 순간 아브라함은 무슨 생각을 했을까요?

그때 갑자기 여호와의 사자가 하늘에서부터 아브라함을 불러 아이를 건드리지 말라고 말합니다. "네가 네 아들 네 독자까지도 내게 아끼지 아니하였으니 내가 이제야 네가 하나님을 경외하는 줄을 아노라." 하나님이 아브라함의 믿음을 시험하셨고, 아브라함은 당당히 통과했습니다. 모든 것을 잃는 한이 있어도 기꺼이 순종하고자 했기 때문입니다. 참된 믿음은 온전한 순종으로 이어집니다(약 2:26).

어떻게 믿음이 순종의 연료가 됩니까?

하나님의 천사가 아브라함을 제지한 후, 아브라함은 가시덤불에 걸린 숫양을 보았습니다. 하나님이 이삭 대신 준비하신 제물입니다. 아브라함은 이삭 대신 숫양을 바쳤고, 그 장소를 '여호와가 준비하시리라'는 뜻의 '여호와 이레'라 불렀습니다.

아브라함이 옳았습니다. 하나님이 대속 제물을 준비하셨습니다. 모리아 산의 그 운명적 날에 하나님이 친히 준비하셨습니다. 그리고 오랜 세월 후 하나님은 또 한 번 갈보리 산에서 죄를 사하기 위한 대속 제물로 자신의 아들을 준비하셨습니다.

핵심교리 **99**

61. 대속 제물이신 그리스도

속죄의 중심은 십자가에서 죽으심으로써 친히 죄인들을 대신하신 '예수 그리스도'이십니다. 이 진리는 무죄한 희생을 통한 죄의 덮음과 죄책감을 제거받아야 하는 인간의 필요성이라는 구약의 희생 시스템을 배경으로 합니다. 하나님의 뜻을 완전하게 계시하시고 행하신 예수님은 인간의 본성을 입으셨고, 그 본성의 요구와 필요들을 짊어짐으로써 자신을 인류와 완전히 동일시하셨지만, 죄는 없으셨습니다. 예수님은 순종을 통해 하나님의 율법을 존중하셨으며, 십자가에서의 대속적 죽음을 통해 인류를 죄에서 구원해 주셨습니다.

Q 하나님이 우리를 위해 대속 제물을 준비하신 것이 왜 중요할까요?

Q 여전히 죄를 짓는데도 하나님의 대속 제물 준비가 좋은 소식인 이유는 무엇입니까?

3. 하나님의 공급하심을 신뢰하라고 하십니다 (히 11:17-19)

[17]아브라함은 시험을 받을 때에 믿음으로 이삭을 드렸으니 그는 약속들
을 받은 자로되 그 외아들을 드렸느니라 [18]그에게 이미 말씀하시기를 네
자손이라 칭할 자는 이삭으로 말미암으리라 하셨으니 [19]그가 하나님이

능히 이삭을 죽은 자 가운데서 다시 살리실 줄로 생각한지라 비유컨대 그를 죽은 자 가운데서 도로 받은 것이니라

아브라함은 그의 후손, 즉 상속자가 세상을 회복시킬 것이라는 약속을 받았습니다. 그는 하나님의 약속을 바라보며 이삭을 제물로 바치라는 하나님의 명령을 수행했습니다. 아브라함은 하나님이 사라의 '죽은' 태에서 생명을 주셨듯이, 이삭을 무덤에서 일으키실 수 있다고 믿었습니다(창 17:15-19; 21:1-5).

Q **하나님이 사라의 죽은 태로부터 생명을 주셨던 사건이, 아브라함의 믿음이 시험당할 때 어떤 영향을 미쳤다고 생각합니까?**

____

____

Q **부활에 대한 믿음이 우리의 순종에 어떤 영향을 미칠까요?**

____

____

아브라함의 이야기와 예수 그리스도의 복음에는 상당한 유사성이 있습니다.

이삭	예수님
아브라함의 약속된 '__________' 아들	하나님의 '_______' 아들, 독생자(요 3:16)
희생 제물이 되었고, 자신도 자원했다.	희생 제물이 되었고, 자신도 자원했다.
희생 제물을 위한 ________를 운반했다.	희생 제물이 되기 위한 ______를 운반했다.
"________________________"(창 22:14) 하나님이 대속 제물을 준비하셨다.	"________________________"(요 1:29) 하나님이 대속 제물을 준비하셨다.
__________ 죽음에서 살아났다.	__________ 죽음에서 살아나셨다.

앞으로 살펴보겠지만, 죄악 된 인간이 거룩하신 하나님과 올바른 관계를

갖기 위해서는 희생 제물이 필요합니다. 아브라함이 이삭을 결박한 장소인 모리아 산은 전통적으로 나중에 성전이 세워져 제사를 드린 곳으로 알려져 있습니다. 전능하신 하나님이 죄악 된 인류 중에 거하실 곳입니다(대하 3:1 참조). 이 모든 성전 제사가 가리키는 궁극적 희생은 예수 그리스도의 십자가였습니다. 준비는 오직 하나님이 하십니다.

Q 인간이 스스로 속죄하는 방법에는 어떤 것들이 있습니까?

Q 하나님의 예비하심을 신뢰하는 것이 중요한 이유는 무엇입니까?

결론

대속의 제물과 죽은 자를 살리시는 하나님의 능력에 대한 아브라함의 믿음은 우리에게 모범이 됩니다. 제사와 부활을 신뢰하는 이 패턴은 신약이 말하는 구원에 이르는 믿음의 패러다임입니다. 우리는 예수님의 죽음과 무덤에 대한 승리를 믿어야 합니다. 믿음은 우리가 하나님께 순종하기 위해 위대한 일들을 시도하게 하는 수단이 되기도 합니다. 예를 들어, 어려운 지역에서 대위임령을 수행하는 중에 목숨을 잃을 수도 있습니다. 그러나 우리가 명령을 수행하는 중에 목숨을 잃더라도 하나님의 사명은 이루어질 것입니다. 죽음을 이기는 능력의 왕이 우리와 함께하시기 때문입니다.

그리스도와의 연결

구약 전체에 메아리쳐 울리는 "번제할 어린양은 어디 있나이까?"라는 이삭의 질문은 신약 서두에서 세례 요한이 예수님을 향해 "보라 세상 죄를 지고 가는 하나님의 어린양이로다"라고 선포할 때 응답됩니다.

하나님의 계획
우리의 사명

하나님은 아브라함처럼 하나님의 능력에 대한 확신을 가지고 사명을 위해 헌신하라고 우리를 부르십니다.

1. 하나님의 자비에 비춰 볼 때, 우리 몸을 '산제사'로 드린다는 의미는 무엇입니까? (롬 12:1)

2. 잘못을 용서해야 할 때, 하나님의 일을 위해 신실하게 헌금해야 할 때, 정욕에 대항해 싸워야 할 때 등의 경우에 어떤 식으로 믿음을 사용합니까?

3. 예수님의 부활과 믿는 자의 부활에 대한 약속이, 믿음과 사명 때문에 겪는 두려움을 어떻게 극복하게 해 줍니까?

*
금주의 성경 읽기
창 38-43장

언약을 재확인하시는 하나님

신학적 주제 **하나님은 사랑받을 가치가 없는 사람과도 함께하시겠다고 약속하셨습니다.**

〈윌리 웡카와 초콜릿 공장〉이라는 영화를 아십니까? 초콜릿 재벌 윌리 웡카의 초콜릿 공장에 초대받은 가난한 소년 찰리의 흥미진진한 모험을 다룬 영화입니다. 영화에는 공장에서 웡카를 돕는 난쟁이 일꾼들 움파룸파족이 나옵니다. 움파룸파족은 공장에서 어린이들이 규칙을 어겨 소각로로 빨려들어 가거나 어려움을 당할 때 나타나 도덕적 교훈을 담은 노래를 합니다. 항상 해야 할 좋은 것, 예를 들어 부모님께 순종해야 한다는 것을 노래하거나 피해야 할 것, 예를 들어 식탐에 대해 노래합니다. 그들의 메시지는 "이렇게 살면 행복할 거야"입니다.

혹시 움파룸파족과 같은 관점으로 구약성경을 바라보고 있지는 않습니까? 혹시 구약성경의 요점을 '행복하게 살려면 좋은 사람을 본받고 나쁜 사람의 행동을 피하라'는 것으로 생각하지는 않습니까? 그것은 잘못된 생각입니다. 구약의 메시지는 그런 것이 아닙니다.

구약성경에는 하나님과 신실하게 동행했지만 고난을 당한 예가 많이 등

Date

장합니다. 반대로 하나님의 축복을 받을 가치가 없어 보이는데 하나님이 번창하게 하신 예들도 눈에 띕니다. 구약의 중심 메시지는 '좋은 사람들'이 아니라 '하나님'입니다. 인간은 죄를 짓고, 사랑받을 가치가 없는 존재입니다. 그럼에도 불구하고 하나님은 우리와 함께하시며, 축복의 약속을 지키시는 은혜로우신 분입니다.

Q 받을 자격도 없고 기대하지도 않았는데 선물을 받았던 적이 있습니까? 선물을 받으면서 무슨 생각이 들었습니까?

____

____

____

____

"하나님을 예배하는 것은 즐거운 일이며, 또한 자신을 겸허히 낮추는 일이기도 합니다. 하나님의 임재 안에서 겸허히 낮아져 본 적이 없는 사람은 결코 하나님을 예배하는 자가 되지 못합니다."[1] _A. W. 토저

이 세션에서는 아브라함의 후손들의 죄악 되고 무가치한 삶에도 불구하고 그들과 함께하시고, 그들을 통해 세상을 축복하신다는 약속을 새롭게 하시는 하나님에 대해 살펴볼 것입니다. 아브라함의 후손들은 싸우고 거짓말하고 서로 속였지만, 하나님은 여전히 신실하시며 그분의 약속을 거듭 새롭게 하십니다. 우리가 용기를 낼 수 있는 이유는 하나님이 자격 없는 사람들에게도 특별한 방법으로 약속을 지키시며, 사명을 수행하는 자들과 함께하신다는 것을 알기 때문입니다.

5/13/2018

1. 하나님이 특별한 방법으로 약속을 지키십니다(창 25:19-26)

19아브라함의 아들 이삭의 족보는 이러하니라 아브라함이 이삭을 낳았

고 20이삭은 사십 세에 리브가를 맞이하여 아내를 삼았으니 리브가는 밧
단 아람의 아람 족속 중 브두엘의 딸이요 아람 족속 중 라반의 누이였더
라 21이삭이 그의 아내가 임신하지 못하므로 그를 위하여 여호와께 간구
하매 여호와께서 그의 간구를 들으셨으므로 그의 아내 리브가가 임신하
였더니 22그 아들들이 그의 태 속에서 서로 싸우는지라 그가 이르되 이
럴 경우에는 내가 어찌할꼬 하고 가서 여호와께 묻자온대 23여호와께서
그에게 이르시되 두 국민이 네 태중에 있구나 두 민족이 네 복중에서부
터 나누이리라 이 족속이 저 족속보다 강하겠고 큰 자가 어린 자를 섬기
리라 하셨더라 24그 해산 기한이 찬즉 태에 쌍둥이가 있었는데 25먼저 나
온 자는 붉고 전신이 털옷 같아서 이름을 에서라 하였고 26후에 나온 아
우는 손으로 에서의 발꿈치를 잡았으므로 그 이름을 야곱이라 하였으
며 리브가가 그들을 낳을 때에 이삭이 육십 세였더라

약속의 자녀 이삭은 하나님이 아브라함에게 주신 땅, 후손, 축복의 약속들을 믿고 미래를 향해 나아갑니다. 그러나 약속들이 성취되기 전에 먼저 해결되어야 할 문제가 있었습니다. 아브라함의 아내처럼 이삭의 아내 리브가도 자녀를 갖지 못했기 때문입니다. 리브가의 불임은 우주적 비극입니다. 리브가가 자녀를 갖지 못한다는 사실은 하나님의 약속들을 위험에 빠뜨릴 것입니다. 왜냐하면 죄의 저주를 제거하고 사탄을 패배시키는 일이 아이의 탄생을 통해 이루어질 것이며(창 3:15), 세상의 회복도 아브라함의 자손을 통해 이루어질 것이라고 하나님이 약속하셨기 때문입니다(창 12:1-3). 이삭은 아내 리브가를 위해 기도했고, 하나님이 기적적으로 그녀의 태를 여셨습니다. 여기에 나타난 패턴이 눈에 보입니까? 하나님은 실현되기 어려운 임신과 출산으로 자신의 약속을 지키시고 자기 백성을 구원하십니다. 그리고 그 과정에서 하나님을 신뢰하라고 하십니다.

하나님이 약속이 성취되기까지 우리에게 역경을 허락하시는 이유는 무엇입니까?

리브가는 쌍둥이를 임신했는데, 그들이 태중에서 싸움을 벌였습니다. 당황한 리브가가 어떻게 해야 하냐고 하나님께 물었습니다. 하나님은 이 싸움이 그들의 삶을 미리 보여 주는 싸움이라고 대답하셨습니다. 즉, 두 나라가 리브가의 태에 있었던 것입니다. 그들은 서로 싸우겠지만, 결국 형이 동생을 섬기게 될 것입니다.

하나님의 구원과 축복이 세상에 임할 것입니다. 이것이 이루어지는 방법은 매우 특별합니다. 고대에는 유산을 장자에게 물려주었습니다. 그런데 하나님은 동생 야곱에게 유산을 약속하셨습니다. 장자인 에서가 아니라 동생인 야곱이 하나님의 약속을 가지고 미래로 나아갈 것입니다.

> *"하나님의 계획이 우리 이해의 범위를 초월하는 데는 많은 이유가 있습니다. … 따라서 어떠한 경우에도 하나님의 지혜에 경탄하며 말로 다 표현할 수 없는 그분의 사랑을 찬양하게 됩니다."[2]*
>
> _크리소스톰

Q 그리스도의 사랑을 받거나 전할 자격이 없다고 생각한 적이 있습니까? 당신의 어떤 한계가 그런 생각을 하게 합니까?

Q 하나님이 가망 없고 자격 없는 사람들을 사용하셔서 자신의 계획을 성취하시는 분임을 아는 것이 그 한계로부터 당신을 자유롭게 합니까?

2. 하나님은 자격 없는 사람들에게도 약속을 지키십니다 (창 26:1-6)

아브라함 때에 첫 흉년이 들었더니 그 땅에 또 흉년이 들매 이삭이 그랄로 가서 블레셋 왕 아비멜렉에게 이르렀더니 여호와께서 이삭에게 나타

나 이르시되 애굽으로 내려가지 말고 내가 네게 지시하는 땅에 거주하
라 3이 땅에 거류하면 내가 너와 함께 있어 네게 복을 주고 내가 이 모든
땅을 너와 네 자손에게 주리라 내가 네 아버지 아브라함에게 맹세한 것
을 이루어 4네 자손을 하늘의 별과 같이 번성하게 하며 이 모든 땅을 네
자손에게 주리니 네 자손으로 말미암아 천하 만민이 복을 받으리라 5이
는 아브라함이 내 말을 순종하고 내 명령과 내 계명과 내 율례와 내 법도
를 지켰음이라 하시니라 6이삭이 그랄에 거주하였더니

이삭의 삶에서 기근은 하나님이 힘든 상황 속에서도 약속을 지키시는 분임을 알게 해 줍니다. 하나님이 이삭에게 애굽으로 가지 말고 블레셋 지역의 그랄에 살라고 하십니다. 이삭도 자신의 아버지처럼 그리고 미래의 후손들처럼 약속의 땅 밖에서 이방인들과 함께 생활했습니다. 그의 아버지처럼 그도 블레셋 왕 아비멜렉과 함께 시간을 보냈습니다(창 20장 참조).

어려운 상황(굶주림)과 이삭과 그의 후손들의 자격 없는 인격(창세기 나머지 부분에 나타남)은 우리로 하여금 하나님이 과연 약속을 지키실지 의문을 품게 합니다. 자연재해나 인간의 불순종이 하나님이 자신의 약속을 신실하게 지키시는 데 방해 요인이 될까요?

Q **하나님의 약속들을 의심하게 하는 상황이 있습니까? 경제적 어려움, 건강 문제, 가정 문제, 직장 문제 혹은 다른 문제입니까?**

Q **어려운 상황에서도 의심과 싸우고 하나님의 약속들을 신뢰할 수 있는 방법은 무엇일까요?**

하나님은 이 기회를 사용하셔서 이삭에게 자신의 약속을 재천명하셨습니다. 왜냐하면 이삭의 아버지 아브라함이 하나님께 순종했기 때문입니다. 하나님이 아브라함의 순종을 언급하신 것이 흥미롭습니다. 왜냐하면 아브라함이 항상 순종하지는 않았기 때문입니다. 아브라함이 하나님을 신뢰하지 않고 문제를 자기 손으로 해결하려 했던 일들을 기억합니까? 그는 사라에 대해 거짓말을 했고, 종 엘리에셀을 상속자로 삼으려 했으며, 하갈에게서 이스마엘을 얻었습니다.

아브라함의 무자격에도 불구하고 하나님은 은혜로 아브라함과 맺은 약속을 지키셨습니다. 결국 아브라함은 하나님의 은혜로 변화되었습니다. 믿음과 순종의 사람이 되어 약속의 자녀를 제물로 바치는 데까지 이르렀습니다.

창세기 26장의 나머지 부분에서 이삭 역시 자격 없는 사람이지만 하나님이 여전히 은혜로 약속을 지키심을 볼 수 있습니다. 아버지처럼 이삭도 아내 리브가를 여동생이라고 둘러대며 내주었습니다. 리브가의 아름다움에 반한 그 지역 사람들이 자신을 죽이고 리브가를 데려갈까 봐 두려웠기 때문입니다. 이삭이 아내에게 비겁했음에도 불구하고 하나님은 그를 축복하셨습니다. 이삭은 그곳에서 큰 부자가 되었는데, 재산이 얼마나 많았던지 블레셋 사람들이 그가 떠나기를 바랄 정도였습니다. 결국 이삭은 브엘세바 땅으로 돌아갔고, 거기서 하나님은 약속을 재천명하십니다.

핵심교리 99

18. 진실하신 하나님

성경은 하나님 안에는 거짓이 없다고 분명하게 말합니다(딛 1:2; 히 6:18). 하나님은 모든 것을 있는 그대로 드러내십니다. 우리에게 주신 모든 말씀의 진실성을 하나님이 보증하시므로 하나님의 모든 말씀은 신뢰할 만합니다. 사람에게 정직하고 거짓 증언하지 말라는 말씀은 우리를 창조하신 분의 완전한 진실성에 근거한 말씀입니다. 진실을 말하는 것이야말로 우리가 하나님의 형상을 지닐 수 있는 유일한 방법입니다. 하나님의 아들은 "길이요 진리요 생명"이십니다(요 14:6).

하나님은 자격이 없고 무가치한 사람에게도 약속을 주십니다. 그렇지만 우리는 종종 하나님이 화가 나셨다고 생각하거나 우리가 하나님의 기준에 못 미쳐 복을 받지 못했다고 생각합니다. 이런 생각을 하는 이유는 무엇일까요?

3. 하나님은 우리와 함께하심으로써 약속을 이루십니다(창 28:10-22)

혹시 하나님과의 관계가 주는 혜택 때문에 하나님께 접근하고 있지는 않습니까? 하나님과 관계를 갖는 이유가 부수적인 혜택 — 죽으면 천국에 가고, 황금 길을 걷고, 완벽하게 건강하고, 슬픔이 없는 삶 등 — 때문이어서는 안 될 것입니다. 우리는 이 모든 것을 합한 것보다 훨씬 더 나은 것을 가졌음을 기억해야 합니다. 그것은 바로 '하나님'입니다. 예수님의 죽음과 부활의 복음에서 가장 중요한 것은 그것이 우리에게 주는 혜택이 아닙니다. 복음이 우리에게 하나님을 준다는 사실입니다. 하나님이 우리의 하나님이 되시고, 우리는 그분의 백성이 되고, 하나님과 영원히 함께할 것입니다.

하나님의 은혜로운 임재에 대한 약속이 성경 전체에서 거듭거듭 천명됩니다. 창세기 28장에도 그 약속이 나옵니다.

> *10 야곱이 브엘세바에서 떠나 하란으로 향하여 가더니 11 한 곳에 이르러*
> *는 해가 진지라 거기서 유숙하려고 그 곳의 한 돌을 가져다가 베개로 삼*
> *고 거기 누워 자더니 12 꿈에 본즉 사닥다리가 땅 위에 서 있는데 그 꼭대*
> *기가 하늘에 닿았고 또 본즉 하나님의 사자들이 그 위에서 오르락내리*
> *락 하고 13 또 본즉 여호와께서 그 위에 서서 이르시되 나는 여호와니 너*
> *의 조부 아브라함의 하나님이요 이삭의 하나님이라 네가 누워 있는 땅을*
> *내가 너와 네 자손에게 주리니 14 네 자손이 땅의 티끌 같이 되어 네가 서*
> *쪽과 동쪽과 북쪽과 남쪽으로 퍼져나갈지며 땅의 모든 족속이 너와 네*
> *자손으로 말미암아 복을 받으리라 15 내가 너와 함께 있어 네가 어디로 가*
> *든지 너를 지키며 너를 이끌어 이 땅으로 돌아오게 할지라 내가 네게 허*
> *락한 것을 다 이루기까지 너를 떠나지 아니하리라 하신지라 16 야곱이 잠*
> *이 깨어 이르되 여호와께서 과연 여기 계시거늘 내가 알지 못하였도다*
> *17 이에 두려워하여 이르되 두렵도다 이곳이여 이것은 다름 아닌 하나님*
> *의 집이요 이는 하늘의 문이로다 하고 18 야곱이 아침에 일찍이 일어나 베*
> *개로 삼았던 돌을 가져다가 기둥으로 세우고 그 위에 기름을 붓고 19 그곳*
> *이름을 벧엘이라 하였더라 이 성의 옛 이름은 루스더라 20 야곱이 서원하*

여 이르되 하나님이 나와 함께 계셔서 내가 가는 이 길에서 나를 지키시고 먹을 떡과 입을 옷을 주시어 [21]내가 평안히 아버지 집으로 돌아가게 하시오면 여호와께서 나의 하나님이 되실 것이요 [22]내가 기둥으로 세운 이 돌이 하나님의 집이 될 것이요 하나님께서 내게 주신 모든 것에서 십분의 일을 내가 반드시 하나님께 드리겠나이다 하였더라

출생의 예언대로 야곱은 하나님의 축복을 받았습니다. 그러나 에서에게서 빼앗은 것이었기 때문에 야곱은 에서를 피해 도망가야 했습니다(다음 세션에서 야곱의 배신에 대해 더 자세히 볼 것입니다). 밤이 되자 야곱은 돌을 베개 삼아 잠들었습니다. 그는 꼭대기가 하늘(천국)에 닿은 사다리 꿈을 꾸었습니다. 천사들이 그 사다리로 오르락내리락했습니다. 여기서 여호와께서 아브라함과 이삭에게 하신 약속들을 야곱에게 재천명하셨습니다. 여호와께서는 야곱에게 자신이 아브라함과 이삭의 하나님이며, 이제 야곱의 하나님이 되실 것임을 일깨우셨습니다.

하나님이 야곱과 그의 후손에게 약속의 땅을 주실 것입니다. 수많은 후손을 주실 것이고, 그들이 땅에 퍼질 것입니다. 하나님은 세상 모든 민족이 야곱의 후손에 의해 축복을 받을 것이라고 하셨습니다. 그리고 다시 약속하셨습니다. “내가 너와 함께 있다.” 야곱은 베개로 사용한 돌을 세워 표석으로 삼고 그곳의 이름을 벧엘, 곧 ‘하나님의 집’이라고 했습니다. 야곱에게 그곳은 하늘(천국)의 문이었습니다. 하나님이 에덴에서처럼 하나님의 사람들 중에 살겠다고 약속하셨습니다. 그러자 야곱은 여호와를 자신의 하나님으로 섬기겠다고 서원했습니다.

Q 하나님의 임재를 경험하고도 변화되지 않을 수 있을까요? 변화되지 않는다면 그 이유는 무엇일까요?

창세기 28장은 하나님이 하나님의 사람들과 함께하기 위해 이 땅에 오신다는 것을 보여 줍니다. 야곱의 사다리는 바벨탑과 정반대입니다. 바벨의 사람들은 탑을 세워 하나님께 올라가려 했습니다. 그러나 이 사건으로 오히려 온 땅에 흩어져 분리되었습니다. 그러나 야곱의 후손이시며 성육신하신 하나님이 하늘에서 내려오실 때는 이 땅의 모든 사람을 하나님께로 이끄실 것입니다. 그 분은 땅의 모든 사람을 축복하시고 다시 연합시키실 것입니다. 요한복음 1장 51절은 예수님이 천국으로 가는 진정한 길이라고 말씀합니다. 예수님은 땅과 하늘을 다시 연결하시는 분입니다.

Q **죄는 어떤 식으로 하나님의 임재를 경험하지 못하도록 막습니까?**

Q **하나님은 어떤 방법으로 우리의 죄를 극복하게 하시고 하나님의 영광과 은혜를 맛보게 하십니까?**

결론

하나님이 복음 안에서 많은 것 — 죄 용서, 하나님의 가족으로의 입양, 영원한 삶, 하나님 나라 안의 유업 등 — 을 우리에게 은혜로 주십니다. 그 가운데 가장 영광스러운 것은 '하나님' 자체입니다. 곧 하나님이자 사람이신 예수 그리스도입니다. 우리를 위해 피 흘리신 그분이 죽음에서 살아나셔서 우리를 죄의 저주에서 자유롭게 하셨습니다. 하나님이 그분의 백성과 영원히 함께하실 것입니다. 아브라함과 이삭과 야곱에게 주신 약속은 하나님이 예수 그리스도 안에서 우리를 위해 성취하신 약속입니다. 하나님은 아들을 주시기까지 약속을 지키시는 분입니다!

그리스도와의 연결

자기 백성과 함께하시겠다는 하나님의 약속은 예수 그리스도, 곧 '우리와 함께 계신 하나님'으로 가장 분명히 성취됩니다.

하나님의 계획
우리의 사명

우리는 담대히 그리스도의 사랑을 나누고 보여 줄 수 있습니다. 우리가 완전해서가 아니라, 하나님이 부족하고 자격 없는 사람들도 사용하셔서 자신의 목적을 이루신다는 것을 알기 때문입니다.

1. 나의 삶이나 교회에서 하나님이 특별한 방법으로 약속을 지키신 것을 경험한 적이 있습니까? 그것은 하나님의 신실하심을 어떻게 증언합니까?

2. 창세기에 나타난 하나님의 약속들은 어떻게 우리의 마음을 감사와 순종으로 나아가게 합니까?

3. 나는 어떤 식으로 하나님의 임재를 경험합니까? 그것이 삶에 어떤 변화를 주고 있습니까?

하나님의 역기능적 언약 가정

신학적 주제 **하나님은 우리의 삶을 주관하시며, 우리의 역기능에도 불구하고, 때로는 우리의 역기능을 통해 자신의 계획을 이루십니다.**

창문마다 스테인드글라스가 아름답게 빛나는 교회를 떠올려 보십시오. 성경의 유명한 장면들이 창마다 담겨 있습니다. 그런데 가까이 다가갈수록 그 장면들은 흐릿해지고 결국 눈앞에는 화려한 유리 조각들만 남습니다. 그러나 다시 멀찍이 물러나서 보면 아름답고 정교하게 디자인된 성경 이야기를 볼 수 있습니다.

하나님의 디자인도 그렇습니다. 구원의 역사가 일상에서는 엉망으로 보일 수 있습니다. 서로 맞지 않고, 하나씩 봐도 의미 없는 조각처럼 보일 수 있습니다. 그러나 우리 삶을 통째로 돌아보면 큰 그림이 보입니다. 하나님이 삶에서 어떻게 역사해 오셨는지 그 이야기가 보이는 것입니다.

Q 당시에는 이해하지 못했지만 나중에 하나님이 그 일을 사용하셔서 나를 축복하셨다는 사실을 깨달은 적이 있습니까?

Date . .

> *"하나님은 우리의 어리석은 결정조차 사용하셔서 하나님의 목적을 이루십니다."[1]*
>
> _J. D. 그리어

이 세션에서 우리는 이삭의 역기능적 가정과 야곱의 속임수와 에서의 낙심에도 불구하고 하나님이 이 가정의 후손으로 오실 나사렛 예수를 통해 모든 열방의 백성을 구원하시려는 계획에 헌신하심을 보게 될 것입니다. 무자격자에게 자비를 베푸시는 하나님은 우리의 결점을 통해서도 은혜를 나타내십니다. 그 은혜가 어떻게 나타나는지 살펴보겠습니다.

1. 하나님은 역기능 가정을 통해서도 계획을 이루십니다 (창 27:1-17)

세상에 완벽한 가정은 없습니다. 어느 가정에나 유혹과 도전이 있습니다. 그렇지만 가정에 부으시는 하나님의 사랑과 은혜는 끊이지 않습니다. 하나님은 깨진 가정에도 자비를 베푸시는 분입니다. 우리는 이삭의 가정에 이 진리가 나타나는 과정을 살펴볼 것입니다. 하나님은 역기능 가정을 사용하실 수 있고, 또 실제로 사용하셔서 하나님의 계획을 이루십니다.

Q 우리가 흔히 볼 수 있는 가정의 역기능에는 어떤 것들이 있습니까? 복음의 은혜가 어떻게 이 역기능을 극복하게 합니까?

창세기 27장에는 형제간의 대결이 펼쳐집니다. 이삭과 그의 가족이 역기능적이고 범죄하며 음모를 꾸며 다른 사람을 이용하는데도 불구하고 하나님은 자신의 약속을 은혜로 지키십니다.

1이삭이 나이가 많아 눈이 어두워 잘 보지 못하더니 맏아들 에서를 불러
이르되 내 아들아 하매 그가 이르되 내가 여기 있나이다 하니 2이삭이
이르되 내가 이제 늙어 어느 날 죽을는지 알지 못하니 3그런즉 네 기구
곧 화살통과 활을 가지고 들에 가서 나를 위하여 사냥하여 4내가 즐기는
별미를 만들어 내게로 가져와서 먹게 하여 내가 죽기 전에 내 마음껏 네
게 축복하게 하라 5이삭이 그의 아들 에서에게 말할 때에 리브가가 들었
더니 에서가 사냥하여 오려고 들로 나가매 6리브가가 그의 아들 야곱에
게 말하여 이르되 네 아버지가 네 형 에서에게 말씀하시는 것을 내가 들
으니 이르시기를 7나를 위하여 사냥하여 가져다가 별미를 만들어 내가
먹게 하여 죽기 전에 여호와 앞에서 네게 축복하게 하라 하셨으니 8그런
즉 내 아들아 내 말을 따라 내가 네게 명하는 대로 9염소 떼에 가서 거기
서 좋은 염소 새끼 두 마리를 내게로 가져오면 내가 그것으로 네 아버지
를 위하여 그가 즐기시는 별미를 만들리니 10네가 그것을 네 아버지께 가
져다 드려서 그가 죽기 전에 네게 축복하기 위하여 잡수시게 하라 11야곱
이 그 어머니 리브가에게 이르되 내 형 에서는 털이 많은 사람이요 나는
매끈매끈한 사람인즉 12아버지께서 나를 만지실진대 내가 아버지의 눈
에 속이는 자로 보일지라 복은 고사하고 저주를 받을까 하나이다 13어머
니가 그에게 이르되 내 아들아 너의 저주는 내게로 돌리리니 내 말만 따
르고 가서 가져오라 14그가 가서 끌어다가 어머니에게로 가져왔더니 그
의 어머니가 그의 아버지가 즐기는 별미를 만들었더라 15리브가가 집 안
자기에게 있는 그의 맏아들 에서의 좋은 의복을 가져다가 그의 작은 아
들 야곱에게 입히고 16또 염소 새끼의 가죽을 그의 손과 목의 매끈매끈
한 곳에 입히고 17자기가 만든 별미와 떡을 자기 아들 야곱의 손에 주니

창세기는 아브라함과 그의 후손에 대해 가감 없이 묘사합니다. 우리는 그들이 서로 거짓말하고, 속이고, 음모를 꾸며 남을 이용하는 적나라한 모습을 봅니다. 아브라함과 이삭은 모두 아내를 남매라고 속이고 자신의 안위만 구했습니다(창 12:11-13; 26:7). 이삭은 큰아들 에서를 편애했고, 아내 리브가는 작은아들 야곱을 편애했습니다. 리브가와 야곱은 원하는 것을 얻기 위해 기꺼이 다른 사람을 속였습니다.

그러나 이 모든 계략에도 불구하고 하나님의 은혜는 계속되었습니다. 하나님은 약속을 지키셨습니다. 인간의 권모술수와 죄악은 세상을 구속하시려는 하나님의 계획을 막을 수 없습니다.

Q 당신은 혹시 역기능적 가정의 영향으로 하나님의 계획과 사명에 참여하지 못하고 있지 않습니까? 그 영향은 어떠한 것입니까?

Q 불완전한 사람들에게도 하나님의 은혜가 계속된다는 사실이 나를 자유롭게 하고, 하나님의 계획에 참여하게 합니까?

핵심교리 99

25. 하나님의 계획과 인간의 행동

우리의 삶 전체를 향한 하나님의 주권은 인간의 자유로운 행동까지 포함합니다. 잠언 19장 21절은 "사람의 마음에는 많은 계획이 있어도 오직 여호와의 뜻만이 완전히 서리라"라고 말씀합니다. 주님의 계획은 우리가 완전히 이해하지 못하는 방법을 통해서 펼쳐지며, 이 계획은 인간의 선택에도 영향을 미칩니다. 예수님의 십자가는 사람들의 사악한 결정에 의해 실행되었습니다. 그러나 이것은 이미 모든 것을 아시는 하나님의 계획 속에 있었습니다. 이처럼 인간이 자유롭게 선택한 죄의 행동들조차 이미 하나님의 포괄적인 계획 속에 들어 있습니다(행 2:23). 하나님이 자신을 사랑하는 이들에게는 모든 것이 합력하여 선을 이루도록 일하고 계심(롬 8:28)을 아는 우리는, 현재의 상황이 이해되지 않을 때도 계획하신 대로 이루시겠다는 하나님의 약속을 믿어야 합니다.

2. 하나님은 속이는 자를 통해서도 계획을 이루십니다(창 27:18-29)

왜 거짓말을 하고 남을 속일까요? 그 이유는 간단합니다. 원하는 것을 얻기 위해서입니다. 시험 문제가 유출되고, 학생들이 컨닝을 하고, 남의 리포트를 베껴서 제출하는 이유도 좋은 점수를 간절히 원하기 때문입니다. 거짓말을 하고 속여서라도 그것을 가지려고 하는 것입니다. 이런 갈망이 우리에게도 있습니다. 야곱은 축복에 대한 갈망 때문에 아버지에게 거짓말을 했습니다. 이야기가 어떻게 진행되는지 성경을 살펴보겠습니다.

18야곱이 아버지에게 나아가서 내 아버지여 하고 부르니 이르되 내가 여
기 있노라 내 아들아 네가 누구냐 19야곱이 아버지에게 대답하되 나는
아버지의 맏아들 에서로소이다 아버지께서 내게 명하신 대로 내가 하였
사오니 원하건대 일어나 앉아서 내가 사냥한 고기를 잡수시고 아버지 마
음껏 내게 축복하소서 20이삭이 그의 아들에게 이르되 내 아들아 네가
어떻게 이같이 속히 잡았느냐 그가 이르되 아버지의 하나님 여호와께서
나로 순조롭게 만나게 하셨음이니이다 21이삭이 야곱에게 이르되 내 아
들아 가까이 오라 네가 과연 내 아들 에서인지 아닌지 내가 너를 만져보
려 하노라 22야곱이 그 아버지 이삭에게 가까이 가니 이삭이 만지며 이
르되 음성은 야곱의 음성이나 손은 에서의 손이로다 하며 23그의 손이
형 에서의 손과 같이 털이 있으므로 분별하지 못하고 축복하였더라 24이
삭이 이르되 네가 참 내 아들 에서냐 그가 대답하되 그러하니이다 25이
삭이 이르되 내게로 가져오라 내 아들이 사냥한 고기를 먹고 내 마음껏
네게 축복하리라 야곱이 그에게로 가져가매 그가 먹고 또 포도주를 가
져가매 그가 마시고 26그의 아버지 이삭이 그에게 이르되 내 아들아 가
까이 와서 내게 입맞추라 27그가 가까이 가서 그에게 입맞추니 아버지가
그의 옷의 향취를 맡고 그에게 축복하여 이르되 내 아들의 향취는 여호
와께서 복 주신 밭의 향취로다 28하나님은 하늘의 이슬과 땅의 기름짐이
며 풍성한 곡식과 포도주를 네게 주시기를 원하노라 29만민이 너를 섬기
고 열국이 네게 굴복하리니 네가 형제들의 주가 되고 네 어머니의 아들
들이 네게 굴복하며 너를 저주하는 자는 저주를 받고 너를 축복하는 자
는 복을 받기를 원하노라

야곱은 원하는 것을 얻으려고 음모를 꾸미고 거짓말을 했습니다. 사실 야곱은 아버지에게 진실을 말할 기회가 많이 있었지만 축복에 눈이 멀어 아버지 이삭을 속였습니다.

우리도 야곱과 별반 다르지 않습니다. 원하는 것을 손에 넣을 수 있다면 진실을 왜곡해도 괜찮다고 생각합니다. 수입을 누락시켜 세금을 안 내거나 환급을 더 받으려고 허위로 신고합니다. 내 뜻대로 원하는 결과를 얻으려는 욕망이 거짓말을 부추기는 것입니다.

Q 사람들은 보통 어떤 상황에서 거짓말을 하게 될까요? 주로 무엇 때문에, 무엇을 얻으려고 거짓말을 하는 것 같습니까?

Q 거짓말까지 하게 만드는 욕망은 어떻게 변화될 수 있을까요?

이삭이 야곱에게 한 축복의 말은 이미 하나님이 아브라함에게 주셨던 약속입니다. 하나님은 아브라함에게 땅, 후손, 축복을 약속하셨습니다. 이삭은 야곱에게 땅과 축복에 대해 말했습니다. 이삭은 야곱이 형제들과 나라들의 섬김을 받기를 기도했습니다. 야곱을 축복하는 나라들이 하나님의 축복을 받을 것입니다.

야곱은 결국 이스라엘을 대표하는 머리가 될 것이며, 이스라엘은 온 나라의 빛이 될 것입니다. 하나님의 구원 계획이 야곱을 통해 땅의 모든 나라에 이루어질 것입니다. 에서가 아니라 속이는 동생 야곱을 통해 구원의 계보가 이어질 것입니다.

Q 하나님이 인간의 죄성과 속임수까지도 사용해 자신의 계획을 이루신다는 사실에서 어떤 희망을 얻게 됩니까?

"이삭의 축복이 야곱에게서 성취되었다고 믿는다면 착각입니다. 이삭의 축복은 다른 누구도 아닌 하나님의 아들, 그리스도 안에서만 성취되었습니다."[2]

_히폴리투스

3. 하나님은 낙심한 자를 통해서도 계획을 이루십니다 (창 27:30-40)

우리가 원하는 것과 하나님이 우리 삶에 원하시는 것이 항상 같지는 않습니다. 하나님의 다스림 가운데 살며, 그분의 방법대로 행하는 것이 가장 좋습니다. 그리스도 안에 있는 자들에게 기쁜 소식은, 우리 눈에 실패가 분명하더라도 그것이 하나님의 계획을 무산시키지 못한다는 사실입니다.

하나님의 계획은 어떤 상황에서도 이루어진다는 진리가 낙심과 고난에 직면했을 때 어떤 도움을 줍니까?

야곱의 속임수로 에서는 비탄에 잠기고 하나님의 축복을 받지 못했습니다. 이러한 심각한 상황에도 불구하고, 하나님은 여전히 역사하시며 세상을 구속하기 위한 계획을 이루고 계십니다. 본문을 읽으며 에서의 반응을 살펴봅시다.

30이삭이 야곱에게 축복하기를 마치매 야곱이 그의 아버지 이삭 앞에서
나가자 곧 그의 형 에서가 사냥하여 돌아온지라 31그가 별미를 만들어
아버지에게로 가지고 가서 이르되 아버지여 일어나서 아들이 사냥한 고
기를 잡수시고 마음껏 내게 축복하소서 32그의 아버지 이삭이 그에게 이
르되 너는 누구냐 그가 대답하되 나는 아버지의 아들 곧 아버지의 맏아
들 에서로소이다 33이삭이 심히 크게 떨며 이르되 그러면 사냥한 고기를
내게 가져온 자가 누구냐 네가 오기 전에 내가 다 먹고 그를 위하여 축복
하였은즉 그가 반드시 복을 받을 것이니라 34에서가 그의 아버지의 말을
듣고 소리 내어 울며 아버지에게 이르되 내 아버지여 내게 축복하소서
내게도 그리하소서 35이삭이 이르되 네 아우가 와서 속여 네 복을 빼앗
았도다 36에서가 이르되 그의 이름을 야곱이라 함이 합당하지 아니하니
이까 그가 나를 속임이 이것이 두 번째니이다 전에는 나의 장자의 명분
을 빼앗고 이제는 내 복을 빼앗았나이다 또 이르되 아버지께서 나를 위

하여 빌 복을 남기지 아니하셨나이까 [37]*이삭이 에서에게 대답하여 이르되 내가 그를 너의 주로 세우고 그의 모든 형제를 내가 그에게 종으로 주었으며 곡식과 포도주를 그에게 주었으니 내 아들아 내가 네게 무엇을 할 수 있으랴* [38]*에서가 아버지에게 이르되 내 아버지여 아버지가 빌 복이 이 하나 뿐이리이까 내 아버지여 내게 축복하소서 내게도 그리하소서 하고 소리를 높여 우니* [39]*그 아버지 이삭이 그에게 대답하여 이르되 네 주소는 땅의 기름짐에서 멀고 내리는 하늘 이슬에서 멀 것이며* [40]*너는 칼을 믿고 생활하겠고 네 아우를 섬길 것이며 네가 매임을 벗을 때에는 그 멍에를 네 목에서 떨쳐버리리라 하였더라*

히브리서 저자는 에서가 상황 때문에 슬퍼하기는 했지만 부도덕하고 불경건했기 때문에 회개할 기회를 갖지 못했다고 기록합니다(히 12:16-17). 에서는 낙심했습니다. 동생에게 장자권에 이어 축복마저 빼앗겨 영적인 슬픔에 빠졌습니다.

하나님의 큰 구원 계획에서 이 사건은 무엇을 의미할까요? 약속된 대로 에서는 야곱을 섬길 것입니다. 에서의 후손 에돔이 이스라엘과 싸우겠지만, 결국 모든 나라가 이스라엘에게 절할 것입니다. 창세기 3장 15절의 뱀의 후손이 전쟁을 벌이지만 마침내 여자의 후손이 이긴다는 약속이 여기서도 이어집니다. 족장들이 받은 약속은 이방 나라들이 그들에게 절할 것이며, 하나님이 잘못되었던 모든 것을 바로잡으신다는 것입니다.

사실 하나님이 아브라함과 이삭, 그리고 지금 야곱에게 하신 약속들은 열방과의 관계에서 이중적인 의미를 갖습니다.

1. 하나님의 백성이 열방을 축복할 것입니다.
2. 하나님의 백성이 열방을 다스릴 것입니다.

이 두 가지가 동시에 옳을 수 있을까요? 어떻게 이스라엘이 세상 모든 나라를 축복하는 동시에 다스릴 수 있을까요? 사도행전 15장에서 야고보는 대위임령을 통한 예수 그리스도의 복음으로 이것이 가능하다고 말합니다. 예수님은 아브라함의 자손으로서 모든 나라를 축복하시는 분입니다. 그러나 그 축복은 그분께 무릎 꿇은 자들만이 받을 수 있습니다(행 15:16-17; 암 9:11-12). 이스라엘의 후손이신 예수님으로부터 열방이 축복을 받지만, 그것은 그들이 예수님께 순복할 때 가능합니다.

예수 그리스도를 우주의 왕으로 고백하며 엎드리는 사람들이 세계 도처에 있습니다. 비록 이삭의 가정이 역기능적이었고, 야곱은 속이는 아들이었으며, 에서는 낙심한 아들이었지만, 세계 열방이 결국 아브라함과 이삭과 야곱의 후손으로 오신 예수님께 절할 것입니다. 그리스도께 순복할 때 구원이 임합니다.

사람들에게 복음을 전해서 왕이신 예수님께 순복하도록 하는 것은 지배나 강압에 의한 것이 아닌 사랑의 행동입니다. 그 이유는 무엇일까요?

결론

우리는 땅끝까지 복음을 전하라는 명령을 통해 하나님의 약속을 수행하도록 부름받았습니다. 우리가 세상으로 나아가 주 예수 그리스도에 관한 좋은 소식을 전할 때 모든 나라의 죄인들이 왕이신 예수님께 무릎을 꿇고, 그들이 하나님의 은혜로운 약속들을 받을 것입니다. 그러므로 우리는 자신의 역기능을 극복하고 이웃과 열방을 향해 담대히 나아가야 합니다. 왜냐하면 우리는 온 우주를 다스리시는 분의 권세로 나아가기 때문입니다.

그리스도와의 연결

야곱의 인생은 우리에게 구원자의 필요성을 보여 줍니다. 야곱은 축복을 얻고자 거짓말을 하고 속였지만, 그를 찾아오신 하나님을 만난 후에야 진정한 복을 받을 수 있었습니다. 예수님이 우리가 마땅히 받아야 할 심판을 대신 받으심으로써 그분이 마땅히 받으셔야 할 축복을 우리가 나누어 받게 되었습니다.

하나님의 계획
우리의 사명

무자격자에게 자비를 베푸는 것이 하나님의 특기이신 만큼, 우리가 자신의 결점과 씨름하는 동안에도 하나님은 그것을 통해 은혜를 나타내십니다.

1. 우리의 결점이 어떤 식으로 우리를 하나님의 사명에서 멀어지게 할까요?

2. 우리의 연약함을 자랑하며 그리스도의 능력으로 말미암아 하나님께 영광 돌릴 수 있는 방법은 무엇일까요?

3. 하나님의 사명에 참여해 땅의 모든 민족을 축복할 수 있는 방법은 무엇일까요?

*
금주의 성경 읽기
욥 1-9장

6/6/2018

Session 11

새 이름을 주시는 하나님

신학적 주제

하나님과의 만남은 우리의 정체성과 삶의 목적에 근본적인 변화를 가져옵니다.

많은 사람이 새해나 봄이 되면 체중 감량을 결심합니다. 새로운 운동 기구나 운동복을 구입해 운동 계획과 식단 조절 계획을 세웁니다. 그러나 대부분의 사람들이 몇 달, 아니 며칠을 가지 못하고 뒷걸음질하다가 이전 상태로 돌아가 버립니다.

인간은 누구나 마음속으로 지속적인 변화를 갈망합니다. 그리고 이 갈망은 잠깐 반짝하는 새해 결심보다는 오래갑니다. 어떤 사람은 중독에서 벗어나기를 희망하고, 어떤 사람은 계속되는 불화, 재정적 스트레스, 가족의 역기능에서 벗어나고 싶어 합니다. 그러나 어떤 변화를 원하든 대부분의 사람은 의구심을 갖습니다. '내가 변할 수 있을까?'

변화를 시도해 보았지만 실망한 경우가 많기 때문에 변화에 대한 희망을 잃기 쉽습니다. '이게 다 무슨 소용이야' 하며 포기하고 싶은 유혹을 받습니다. 그래서 우리는 변화와 관련된 이야기들을 좋아합니다. 극적인 변화가 일어날 수도 있다는 이야기를 듣고 싶은 것입니다.

Date . .

Q 내가 했던 결심이나 다짐 중에 꾸준히 지켰던 것은 무엇입니까?

Q 새해 결심의 실패가 지속적인 변화에 의문을 품게 하지는 않습니까?

> *"성화란 옛 사람의 특징들을 마치 더러운 옷인 양 벗어 버리고, 그리스도인다운 행동으로 새로운 옷을 입는 것과 같습니다."[1]*
> _리처드 러블레이스

이 세션에서 우리는 야곱이 어떻게 하나님으로부터 새 이름을 받게 되는지 살펴볼 것입니다. 야곱의 옛 이름은 '속이는 자'라는 뜻을 가지고 있었습니다. 그의 삶이 어땠는지는 그 이름이 말해 줍니다. 그러나 그는 하나님과 신비로운 씨름을 한 후 전혀 다른 사람이 되었습니다. 그리고 그와 그의 후손에게 베풀어 주시는 하나님의 은혜를 드러내는 '새 이름'을 받았습니다. 야곱처럼 흠과 죄가 있는 우리에게도 정체성을 변화시키고, 삶에 새 사명을 주실 하나님과의 만남이 필요합니다.

1. 야곱의 옛 이름은 그의 흠 있는 인격을 드러냅니다(창 32:24-27)

야곱은 형과 아버지를 속인 후 밧단아람으로 갔습니다(창 28:2; 29:1). 그곳 우물가에서 그는 미래의 아내 라헬을 만났습니다. 라헬을 사랑한 야곱은 그녀와 결혼하기 위해 라헬의 아버지 라반을 7년 동안 섬겼습니다. 그러나 라반은 야곱을 속였습니다. 야곱도 속이는 자로 악명이 높았는데, 이번에는 그가 속았습니다. 라반은 야곱을 속여 첫째 딸 레아와 결혼시켰습니다. 야곱은 라헬과 결혼하기 위해 7년을 더 일해야 했습니다.

라반의 속임수에도 불구하고, 하나님은 야곱에게 하신 약속 ― 땅, 후손, 축복 ― 을 지키셨습니다. 하나님은 야곱에게 물질의 축복을 주셨고(야곱이 그것을 얻으려고 꾀를 쓰긴 했지만), 자녀의 축복도 주셨습니다. 그러나 아직 땅의 축복은 받지 못했습니다.

하나님이 야곱에게 조상들이 있는 약속의 땅으로 돌아가라고 말씀하십니다. 야곱은 대가족을 거느린 부자가 되어 가나안을 향해 떠납니다. 그러나 야곱이 언약의 상속자로서 하나님의 약속들을 물려받기 위해서는 변화가 필요했습니다. 야곱은 형 에서의 복수가 두려워 선물과 사절단을 앞서 보내 형의 마음을 누그러뜨리려 했습니다. 홀로 남은 야곱은 '특별한 한 사람'을 만났고, 그가 야곱의 삶을 완전히 변화시켰습니다.

24야곱은 홀로 남았더니 어떤 사람이 날이 새도록 야곱과 씨름하다가
25자기가 야곱을 이기지 못함을 보고 그가 야곱의 허벅지 관절을 치매 야곱의 허벅지 관절이 그 사람과 씨름할 때에 어긋났더라
26그가 이르되 날이 새려하니 나로 가게 하라 야곱이 이르되 당신이 내게 축복하지 아니하면 가게 하지 아니하겠나이다
27그 사람이 그에게 이르되 네 이름이 무엇이냐 그가 이르되 야곱이니이다

이어지는 28절에서 야곱과 씨름한 그 사람이 하나님이심이 드러납니다. 씨름 중에 그 사람이 야곱의 '허벅지 관절'을 쳐서 어긋나게 했습니다. 이 씨름은 두 가지 교훈을 줍니다. 첫째, 야곱의 인격에 결점이 있으며, 하나님이 이를 간과하지 않으신다는 진리를 암시합니다. 모세가 하나님의 명령에 순종하지 않았을 때도 비슷한 일이 있었습니다(출 4:24-26 참조). 하나님은 야곱을 사용하길 원하셨지만, 그러기 위해서는 먼저 야곱을 변화시키셔야 했습니다.

주님을 섬기는 데 방해가 될 만한 죄를 짓거나 어리석은 결정을 한 일이 있습니까?

Session 11

Q 하나님이 나의 죄를 어떤 식으로 지적해 주셨습니까?

"오 위대하고 장엄한 신비여! 당신은 이기시고 축복하시고 고난당하시고 자유롭게 하십니다."[2] _어거스틴

둘째, 해가 뜰 무렵 떠나야 할 상황에서 하나님이 야곱의 허벅지 관절을 어긋나게 하신 것은 야곱에게 책임을 묻고 그를 변화시키시기 위함입니다. 축복이 임하기 전에 죄인 야곱이 반드시 깨어져야 했기 때문입니다. 아마도 이런 이유로 하나님이 그에게 이름을 물으셨을 것입니다. 그의 이름은 야곱, 즉 '속이는 자'라는 뜻이기 때문입니다. 그때까지 야곱은 자신의 이름에 걸맞은 삶을 살았습니다.

Q 과거 때문에 내 삶이 규정되는 것 같다고 느낀 적이 있습니까?

Q 사람들이 과거의 잘못을 잊기 어려워하는 이유는 무엇일까요?

2. 야곱의 새 이름 이스라엘은 하나님의 은혜를 드러냅니다

(창 32:28-32)

Q 내가 베푼 은혜가 누군가의 삶을 변화시킨 적이 있습니까?

야곱은 계속해서 거짓말하고 꾀를 부리지만, 하나님은 그에게 은혜를 주십니다. 그 열매를 32장에서 보게 됩니다.

*[28]그가 이르되 네 이름을 다시는 야곱이라 부를 것이 아니요 이스라엘이
라 부를 것이니 이는 네가 하나님과 및 사람들과 겨루어 이겼음이니라
[29]야곱이 청하여 이르되 당신의 이름을 알려 주소서 그 사람이 이르되
어찌하여 내 이름을 묻느냐 하고 거기서 야곱에게 축복한지라 [30]그러므
로 야곱이 그곳 이름을 브니엘이라 하였으니 그가 이르기를 내가 하나님
과 대면하여 보았으나 내 생명이 보전되었다 함이더라 [31]그가 브니엘을
지날 때에 해가 돋았고 그의 허벅다리로 말미암아 절었더라 [32]그 사람이
야곱의 허벅지 관절에 있는 둔부의 힘줄을 쳤으므로 이스라엘 사람들이
지금까지 허벅지 관절에 있는 둔부의 힘줄을 먹지 아니하더라*

야곱의 새 이름은 '이스라엘'입니다. 그가 하나님과 겨루어 이겼기 때문입니다(창 32:28). 하나님은 야곱을 축복하셨습니다. 야곱은 그곳을 '하나님의 얼굴'이란 뜻의 '브니엘'이라고 이름 붙였습니다. 왜냐하면 그가 하나님을 대면하고도 무사했기 때문입니다(창 32:30).

그 장소를 브니엘이라고 이름 지은 것은 야곱이 사람이 아니라 하나님과 실제로 씨름했다는 것을 나타냅니다. 물론 이 사실은 온갖 신학적 질문과 우려를 불러일으킵니다. 가령 '사람이 어떻게 하나님과 씨름할 수 있는가? 게다가 죽지도 않았다니 말이 되는가?'와 같은 의문입니다. 그러나 본문은 그런 사안들에 연연하지 않고, 오히려 야곱이 은혜로우신 하나님을 만나 변화되었음을 보여 주는 데 집중합니다. 비록 절름거리며 걷게 되었지만, 변화된 사람으로 걷게 되었습니다. 야곱은 약속의 땅을 떠날 때와 똑같은 불량자의 모습으로 약속의 땅으로 돌아오지 않았습니다.

Q **다른 사람이 되고 싶거나, 새 출발을 하거나, 새로운 평판을 듣고 싶다는 생각을 해 본 적이 있습니까? 이를 위해 어떤 일을 해 보았습니까?**

"하나님의 축복을 발견하려면 먼저 다리를 저는 연약함을 경험해야 할 때가 종종 있습니다. 그래서 하나님의 축복을 받은 대부분의 사람은 즐거워 춤출 때 다리를 접니다."[3] _팀 켈러

나에 대한 평판을 바꾸고자 하는 것과 하나님이 '새 이름을 지어 주시는 것'의 유사점과 차이점은 무엇입니까?

야곱의 삶은 하나님이 얼마나 은혜로우시며 인내하시는 분인지를 보여 줍니다. 야곱은 오랜 세월 동안 자기 마음대로 사람과 일을 조종하려고 꾀를 부리며 원하는 것을 얻기 위해 가까운 사람에게 거짓말을 했습니다. 다른 사람을 짓밟거나 상처를 주어도 개의치 않던 사람입니다. 그럼에도 하나님은 야곱에게 인자와 긍휼을 베푸셨습니다.

하나님은 야곱의 삶을 변화시키는 일을 꾸준히 하셨습니다. 하나님은 야곱에게 두 번의 기회를 주셨습니다. 야곱이 에서와 화해하는 창세기 33장은 야곱이 새 사람이 되었음을 보여 줍니다.

창세기 32장은 우리에게 큰 격려가 됩니다. 삶이 아무리 엉망진창이고, 잘못된 결정을 하고, 관계가 어그러졌어도 살아 계신 하나님을 만나면 삶이 새로워진다는 것을 야곱을 통해 보여 주기 때문입니다. 신약은 우리가 하나님의 아들 예수 그리스도를 통해 하나님을 만날 수 있고, 그리스도 안에서 그리스도의 이름을 지닌다고 가르칩니다. 따라서 우리의 정체성은 죄에 있지 않습니다. 우리는 하나님께 사랑받는 자녀입니다.

야곱의 이야기는 하나님이 죄인들에게 은혜를 베푸시며 인내하시는 분임을 가르쳐 줄 뿐 아니라, 우리

핵심교리 99

82. 신자의 새로운 정체성

그리스도를 믿게 되면 정체성이 근본적으로 변합니다. 하나님의 진노 아래 있는 원수의 신분(엡 2:1-3)에서 하나님의 권속, 사랑받는 자녀의 신분(엡 2:19)으로 변화되는 것입니다. 그리스도를 믿는 자는 그리스도의 완전한 삶과 대속적 죽음, 부활에 근거해 의롭다고 선포됩니다. 그는 더 이상 죄의 종이 아니며, 과거의 실패들이나 현재의 분투에 의해 규정되지 않습니다. 그는 흑암의 영역에서 건져 냄을 받아 빛의 나라에 속하게 되었습니다(골 1:13). 누구든지 그리스도 안에 있으면 '새로운 피조물'입니다. 새로운 피조물 안에서 이전의 죄 된 자아는 지나가고 새롭게 된 구원받은 자아가 살아서 성장하며 더욱 더 그리스도를 닮아 갑니다(고후 5:17).

가 정신을 차리려면 때로 고통스러울지라도 살아 계신 하나님과의 만남이 필요하다는 것을 보여 줍니다. 하나님의 회초리는 우리를 회개와 변화로 이끄시는 그분의 자상한 손길입니다.

Q 하나님이 삶의 상황을 통해 회개하게 하신 경험이 있습니까?

Q 회개에 이르기까지 고난이 필요했던 이유는 무엇일까요?

3. 야곱의 새 이름에는 하나님이 주신 사명이 담겨 있습니다

(창 35:9-15)

하나님이 백성을 축복하시는 목적은 복을 쌓아 두게 하기 위해서가 아닙니다. 하나님의 복을 받은 이들이 다른 사람들의 축복이 되게 하기 위해서입니다. 하나님은 사람들을 변화시키셔서 다른 사람들을 위한 변화의 매개자가 되게 하십니다.

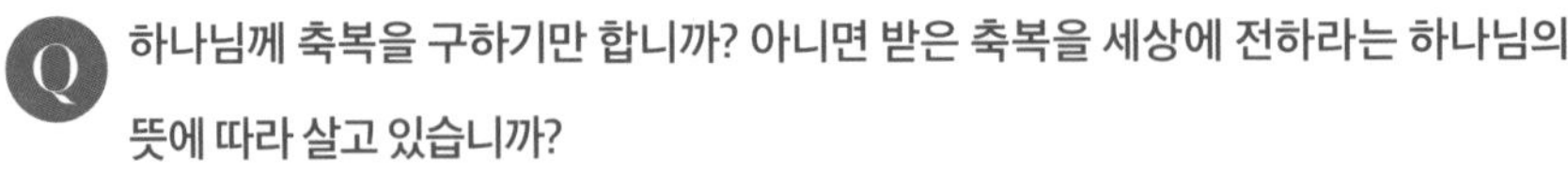

Q 하나님께 축복을 구하기만 합니까? 아니면 받은 축복을 세상에 전하라는 하나님의 뜻에 따라 살고 있습니까?

야곱의 삶을 보십시오. 하나님이 야곱을 축복하고 변화시키셨습니다. 이스라엘이 온 세상을 변화시키는 축복의 통로가 되게 하셨습니다. 하나님이 어떻게 야곱에게 새 이름을 주셨는지 또 그것이 어떻게 하나님이 아브라함에게 약속하신 축복과 이어지는지 생각해 보십시오.

[9]야곱이 밧단아람에서 돌아오매 하나님이 다시 야곱에게 나타나사 그에
게 복을 주시고 [10]하나님이 그에게 이르시되 네 이름이 야곱이지마는 네
이름을 다시는 야곱이라 부르지 않겠고 이스라엘이 네 이름이 되리라 하
시고 그가 그의 이름을 이스라엘이라 부르시고 [11]하나님이 그에게 이르
시되 나는 전능한 하나님이라 생육하며 번성하라 한 백성과 백성들의 총
회가 네게서 나오고 왕들이 네 허리에서 나오리라 [12]내가 아브라함과 이
삭에게 준 땅을 네게 주고 내가 네 후손에게도 그 땅을 주리라 하시고
[13]하나님이 그와 말씀하시던 곳에서 그를 떠나 올라가시는지라 [14]야곱이
하나님이 자기와 말씀하시던 곳에 기둥 곧 돌 기둥을 세우고 그 위에 전
제물을 붓고 또 그 위에 기름을 붓고 [15]하나님이 자기와 말씀하시던 곳의
이름을 벧엘이라 불렀더라

야곱의 발전 과정을 적어 보십시오.

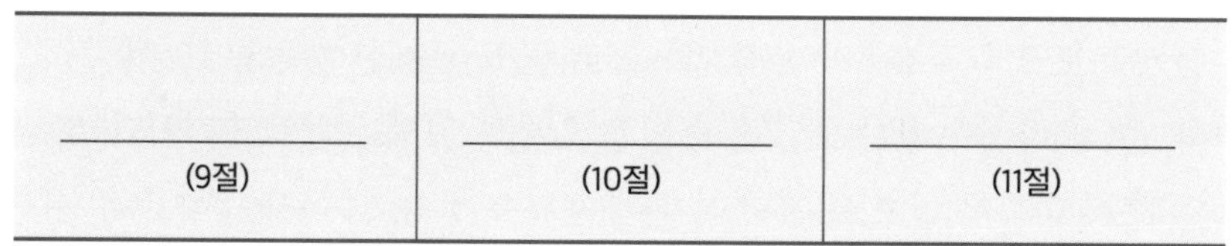

마찬가지로 하나님은 우리를 축복하셔서 우리를 구원받게 하시고, 변화되게 하셔서 삶에 대한 하나님의 부르심을 성취하게 하십니다.

하나님이 벧엘에서 야곱에게 나타나셔서 축복, 땅, 후손에 대한 약속을 재천명하십니다. 야곱을 축복하시고, 그의 새 이름을 이스라엘이라고 다시 말씀하셨습니다. 야곱을 축복하셨을 뿐 아니라 창세기 1장 28절처럼, 야곱에게 생육하며 번성하라고 명령하셨습니다(창 35:11). 그 명령으로 씨 혹은 후손에 대한 약속이 성취될 것입니다. 야곱으로부터 큰 나라가 나올 것이며 그의 가문에서 왕들이 나올 것입니다. 마침내 하나님은 그 땅을 야곱과 그의 후손에게 주실 것이라고 말씀하셨습니다. 야곱은 돌을 세워 징표로 삼고 하나님께 전제를 부어 드리고 그 장소를 '하나님의 집'이라고 이름 붙였습니다(그곳은 하나님이 야곱에게 약속을 주셨던 창세기 28장과 같은 장소입니다).

하나님은 야곱에게 하신 약속을 지키셨습니다. 야곱은 정말로 생육하고 번성했습니다. 야곱의 열두 아들이 이스라엘 나라의 열두 지파가 됩니다. 그리고 하나님은 야곱의 후손을 통해 왕, 메시아, 곧 세상에 구원을 주실 분이 오리라는 약속도 지키십니다.

하나님의 축복을 받은 사람은 어떻게 사명을 감당하며 살아야 할까요?

결론

야곱은 계략을 쓰며 속이는 자였지만, 하나님의 인내와 은혜가 그를 완전히 변화시켰습니다. 변화를 겪기 전과 후의 야곱은 매우 달라서 마치 다른 사람처럼 보입니다. 그동안 온갖 얼룩으로 물든 삶을 살아왔음에도 불구하고 하나님의 택하심을 받자 그는 온 세상을 축복하는 하나님의 도구가 되었습니다. 야곱이 아들을 낳고, 야곱의 아들이 아들을 낳고, 그 아들의 아들이 또 아들을 낳고 마침내 한 처녀가 세상의 구원자이신 예수님을 낳게 될 것입니다. 하나님은 예수님을 통해 우리를 영원히 변화시키실 수 있고, 우리를 통해 세상을 축복하실 수 있습니다. 하나님이 우리에게 새로운 정체성과 목적을 주셔서 전에 없던 원동력으로 살아가게 하실 것입니다.

그리스도와의 연결

어떤 사람에게 이름을 새로 지어 주실 때 하나님은 그 이름에 그 사람의 특권과 책임을 담아 주십니다. 예수님을 믿고 그리스도인이라는 새 이름을 얻은 신자에게는 '구원의 특권'과 '선교의 책임'이 있습니다.

하나님의 계획
우리의 사명

우리가 하나님이 주신 이름에 합당하게 살아갈 때, 사람들이 우리를 변하게 하신 하나님의 능력을 찬양할 것입니다.

1. 예수님 안에서 발견하는 은혜와 용서에 대해 하나님께 감사하고, 자신의 죄와 악한 모습을 고백하십시오.

2. 다른 사람의 도움으로 변화를 경험한 적이 있습니까? 또는 타인의 변화를 돕는 사람을 본 적이 있습니까? 거기서 발견하는 하나님의 은혜는 무엇입니까?

3. 하나님이 다른 사람을 축복하는 데 사용하라고 내게 주신 축복은 무엇입니까?

*
금주의 성경 읽기
욥 10-17장

6/10/2018 리브가,

고난도 포함되는 하나님의 계획

신학적 주제 **우리 삶을 주관하시는 하나님은 고난과 불의를 통해서도 우리를 향한 하나님의 계획을 이루십니다.**

Session 12

하나님은 우리가 원하거나 필요하다고 생각하는 것은 무엇이든 주시는 램프의 요정 '지니'와 같은 존재가 아닙니다. 그러나 많은 그리스도인이 믿음을 충분히 갖고 하나님께 순종하기만 하면, 하나님이 자신의 꿈을 이루게 해 주시고, 재정적 어려움을 해결해 주시고, 배우자를 주시고, 암을 치유해 주실 것이라고 믿습니다.

그러나 하나님을 사람들의 순종에 고난 없는 삶으로 보상해 주시는 협상가로 믿는 것은 믿음에 해롭습니다. 하나님은 '흥정의 달인'이 아닙니다. 하나님을 그렇게 보는 사람들은 예상하지 못했던 고난을 겪으면 좌절합니다. 그리고 상황이 자기 뜻대로 되지 않으면 하나님을 비난하고 떠납니다.

"요셉의 이야기를 읽을 때 예수 그리스도의 고난, 죽음, 부활에 대해 읽을 때와 똑같은 감정이 내 마음에 생기고, 똑같은 반응이 내 영혼 속에 일어납니다."[1]

_W. A. 크리스웰

Date 6 . 10 . 2018

Q 하나님을 위해 '좋은 일'을 해서 순조롭고 풍요로운 삶을 보상받으려고 했던 적이 있습니까?

Q 순조롭고 풍요로운 삶을 위해 하나님께 최선을 다했는데도 고난을 당해 분노와 실망을 한 적이 있습니까?

성경은 하나님을 잘 믿으면 고통 없는 삶을 살게 될 것이라고 말하지 않습니다. 우리는 타락한 세상에서 살고 있기 때문에 고난은 불가피합니다. 때로는 의인이 고난을 받고 악인이 번성합니다. 그러나 하나님을 신뢰하는 자는 고난 속에서도 결코 혼자가 아님을 성경을 통해 알 수 있습니다. 하나님은 고난의 순간도 사용하셔서 자신의 선하신 목적과 계획을 이루십니다.

이 세션에서 우리는 하나님이 요셉의 고난을 통해 구원 계획을 어떻게 성취해 나가시는지를 볼 것입니다. 이것으로 하나님이 우리를 대신한 예수님의 고난을 통해 이 세상을 어떻게 구원하실지를 미리 알 수 있습니다. 하나님이 우리 삶의 역경을 사용하셔서 구원 계획을 이루시는 분이라는 사실은 그리스도인에게 기쁜 소식입니다. 우리는 이 사실을 신뢰해야 합니다.

1. 계획하시는 하나님을 신뢰하십시오(창 37:3-11)

하나님이 요셉에 대해 어떤 계획을 계시하시는지, 창세기 37장을 읽어 보십시오.

[3]요셉은 노년에 얻은 아들이므로 이스라엘이 여러 아들들보다 그를 더 사랑하므로 그를 위하여 채색옷을 지었더니 [4]그의 형들이 아버지가 형들보다 그를 더 사랑함을 보고 그를 미워하여 그에게 편안하게 말할 수 없었더라 [5]요셉이 꿈을 꾸고 자기 형들에게 말하매 그들이 그를 더욱 미워하였더라 [6]요셉이 그들에게 이르되 청하건대 내가 꾼 꿈을 들으시오 [7]우리가 밭에서 곡식 단을 묶더니 내 단은 일어서고 당신들의 단은 내 단을 둘러서서 절하더이다 [8]그의 형들이 그에게 이르되 네가 참으로 우리의 왕이 되겠느냐 참으로 우리를 다스리게 되겠느냐 하고 그의 꿈과 그의 말로 말미암아 그를 더욱 미워하더니 [9]요셉이 다시 꿈을 꾸고 그의 형들에게 말하여 이르되 내가 또 꿈을 꾼즉 해와 달과 열한 별이 내게 절하더이다 하니라 [10]그가 그의 꿈을 아버지와 형들에게 말하매 아버지가 그를 꾸짖고 그에게 이르되 네가 꾼 꿈이 무엇이냐 나와 네 어머니와 네 형들이 참으로 가서 땅에 엎드려 네게 절하겠느냐 [11]그의 형들은 시기하되 그의 아버지는 그 말을 간직해 두었더라

야곱은 아들 중에 요셉을 총애했습니다. 사랑하는 아내 라헬이 그의 노년에 낳은 자식이기 때문입니다(창 30:22-24). 야곱이 요셉에게 입힌 채색 옷이 편애의 증거입니다. 그 때문에 형들이 요셉을 멀리했습니다. 설상가상으로 요셉의 꿈 이야기가 형들을 분노하게 했습니다. 부모와 형들이 자기에게 절하는 꿈을 꾸었다니, 형들은 결코 듣고 싶지 않은 이야기였을 것입니다. 본문은 요셉이 가족에게 꿈 이야기를 한 것이 잘한 것인지 잘못한 것인지에 대해서는 말이 없습니다. 그러나 그 꿈은 분명히 하나님의 계획을 나타내는 그림이었습니다.

Session 12

Q **요셉이 가족에게 자신의 꿈을 이야기한 것이 정당했다고 생각합니까, 오만했다고 생각합니까?**

요셉의 꿈에서 시작된 하나님의 계획이 성취되기까지의 여정은 길고 고되었습니다. 요셉의 꿈이 어떻게 해서 창세기의 결론을 위한 무대가 되었는지가 중요합니다. 지금까지 살펴보았듯이 아브라함의 후손을 통해 온 세상을 축복하는 것이 하나님의 중요한 계획입니다. 요셉의 꿈은 창세기 말미에서 하나님의 계획 가운데 열매를 맺습니다. 요셉이 형들과 아버지보다 높아지는 것을 통해 하나님은 이스라엘뿐 아니라 주변 민족까지 구원하시려는 계획을 실현하실 것입니다.

요셉이 곤란을 겪었지만, 하나님은 그가 겪은 어려운 상황을 사용하셔서 그를 높이시고 그의 가족을 (다른 많은 사람과 함께) 구원하셨습니다. 하나님은 요셉의 꿈을 통해 그 계획에 대한 그림을 가족에게 그려 주셨습니다. 요셉의 형들이 그 계획을 마음에 들어 하지 않은 것은 당연합니다. 그러나 그들은 훗날 그 꿈이야말로 하나님이 그들을 기근과 죽음에서 구원하시는 한 방법이었음을 깨닫게 될 것입니다.

"요셉이 엄청난 고난을 앞두고 있습니다. 그래서 하나님이 언젠가 그를 높여 주실 것이라는 꿈을 미리 주셨습니다. 그것이 그를 지지하고 위로해 줄 것이기 때문입니다."[2] _존 웨슬리

Q **하나님의 계획을 받아들이기보다 다른 사람의 삶에서 일하시는 하나님의 손길을 보고 부러워했던 적이 있습니까?**

Q 다른 사람이 하나님의 사명을 감당하는 모습이 부러워서 내가 그 일을 한다면, 어떤 결과가 나올까요?

2. 준비시키시는 하나님을 신뢰하십시오(창 37:23-28)

연습이나 훈련을 좋아하는 사람은 드물 것입니다. 훌륭한 야구 선수는 경기에 나가기 전에 지독한 훈련을 합니다. 땀을 비오듯 흘리며 달리고, 손바닥에 지문이 없어질 정도로 야구 방망이를 휘두릅니다. 고된 훈련으로 낙오자가 생기기도 합니다. 그러나 출전 선수 명단에 내 이름이 있고, 글러브를 끼고 그라운드에 나가고, 게다가 내가 친 공으로 팀이 득점까지 한다면 훈련의 괴로움은 어느새 사라져 버리고, 훈련의 열매로 인한 기쁨만 가득할 것입니다.

고된 훈련과 즐거운 경기 사이의 상관관계는 무엇일까요? 전자는 후자에 대한 준비입니다. 고된 훈련에 지친 경험이 없다면 훌륭한 선수가 되지 못할 것입니다. 감독은 선수들을 연습이라는 어려움 속으로 몰아넣어 그들이 경기장의 스타가 될 수 있도록 준비시킵니다.

Q 무엇인가를 준비하려고 몸을 단련하거나 절제해 본 적이 있습니까? 그 과정이 나를 어떻게 변화시켰습니까?

Q 그 경험이 인격에도 적용될 수 있을까요?

멋진 미래가 우리를 기다리고 있습니다. 그 미래를 위해 어떤 준비가 필요한지 하나님이 가장 잘 아십니다. 하나님의 기업을 받기에 합당한 그리스도의 형상을 본받으려면 무엇이 필요한지도 잘 아십니다. 그래서 때로 우리를 역경이나 고난으로부터 즉시 구하지 않으시고 내버려 두십니다. 위험과 괴로움과 결핍 가운데 놓아둠으로써 우리를 위해 준비한 축복을 누리게 하십니다(롬 8:28-29 참조). 요셉의 삶에서 이 진리를 볼 수 있습니다. 요셉은 형들의 손에 큰 고난을 당했지만, 하나님은 자신의 계획을 위해 요셉의 고난을 사용하셔서 요셉을 준비시키셨습니다.

핵심교리 **99**

9. 전지하신 하나님

성경은 하나님이 모든 것을 알고 계신다고 가르칩니다. 하나님은 "완전한 지식"(욥 37:16)을 가지신 분이며 이 지식은 과거, 현재, 그리고 자유의지를 부여받은 피조물들이 앞으로 내릴 결정들을 포함한 미래의 모든 것에 미칩니다. 하나님의 지식은 완전하며, 하나님은 시간을 넘어서서 존재하시는 분이므로 앞으로 일어날 모든 일을 알고 계십니다. 모든 것을 알고 계시는 하나님의 지식 앞에서 우리는 인간의 지식은 유한하다는 것과 하나님의 결정들은 지혜롭고 선하다는 것을 인정해야 합니다.

[23]요셉이 형들에게 이르매 그의 형들이 요셉의 옷 곧 그가 입은 채색옷
을 벗기고 [24]그를 잡아 구덩이에 던지니 그 구덩이는 빈 것이라 그 속에
물이 없었더라 [25]그들이 앉아 음식을 먹다가 눈을 들어 본즉 한 무리의
이스마엘 사람들이 길르앗에서 오는데 그 낙타들에 향품과 유향과 몰약
을 싣고 애굽으로 내려가는지라 [26]유다가 자기 형제에게 이르되 우리가
우리 동생을 죽이고 그의 피를 덮어둔들 무엇이 유익할까 [27]자 그를 이스
마엘 사람들에게 팔고 그에게 우리 손을 대지 말자 그는 우리의 동생이
요 우리의 혈육이니라 하매 그의 형제들이 청종하였더라 [28]그때에 미디
안 사람 상인들이 지나가고 있는지라 형들이 요셉을 구덩이에서 끌어올
리고 은 이십에 그를 이스마엘 사람들에게 팔매 그 상인들이 요셉을 데
리고 애굽으로 갔더라

이 극악무도한 배신과 불의는 하나님의 계획을 이루기 위한 과정의 일부

였습니다. 하나님의 계획은 단지 이스라엘만이 아니라 세상을 구원하는 것입니다. 요셉이 당한 거절과 고난은 하나님의 계획을 성취하기 위한 수단이었습니다. 요셉은 가장 가까운 가족에게 배신을 당했습니다. 형제들에게 배신당한 요셉은 노예가 되어 애굽으로 팔려갔지만, 하나님은 이 모든 사건을 통해 요셉을 준비시키셨습니다. 요셉을 내쳤던 가족뿐 아니라 다른 사람들까지도 구원하게 하셨습니다.

Q 지금 내가 직면한 고난들이 미래의 도전과 축복을 잘 감당할 수 있도록 나를 준비시키고 있습니까?

3. 보이지 않는 중에 임하시는 하나님을 신뢰하십시오(창 39:6b-23)

요셉은 형들에게 배신당해 노예로 팔려갔지만 하나님이 그와 함께하셨습니다. 형들에게 배신당한 요셉은 노예로 팔려 바로의 친위대장 보디발의 종이 되었습니다. 하나님이 요셉과 함께하시어 그가 하는 모든 일을 형통하게 하시니 보디발이 그에게 집안일을 모두 맡겼고, 하나님이 보디발의 집을 크게 축복하셨습니다. 이것은 아브라함을 축복하는 모든 사람을 축복하겠다는 약속을 하나님이 어떻게 지키시는지 보여 주는 예입니다(창 12:1-3).

그러나 이야기가 전개되면서 상황은 악화 일로로 치닫습니다.

6b 요셉은 용모가 빼어나고 아름다웠더라 7 그 후에 그의 주인의 아내가
요셉에게 눈짓하다가 동침하기를 청하니 8 요셉이 거절하며 자기 주인의
아내에게 이르되 내 주인이 집안의 모든 소유를 간섭하지 아니하고 다
내 손에 위탁하였으니 9 이 집에는 나보다 큰 이가 없으며 주인이 아무것
도 내게 금하지 아니하였어도 금한 것은 당신뿐이니 당신은 그의 아내

임이라 그런즉 내가 어찌 이 큰 악을 행하여 하나님께 죄를 지으리이까
10여인이 날마다 요셉에게 청하였으나 요셉이 듣지 아니하여 동침하지
아니할 뿐더러 함께 있지도 아니하니라 11그러할 때에 요셉이 그의 일을
하러 그 집에 들어갔더니 그 집 사람들은 하나도 거기에 없었더라 12그
여인이 그의 옷을 잡고 이르되 나와 동침하자 그러나 요셉이 자기의 옷
을 그 여인의 손에 버려두고 밖으로 나가매 13그 여인이 요셉이 그의 옷
을 자기 손에 버려두고 도망하여 나감을 보고 14그 여인의 집 사람들을
불러서 그들에게 이르되 보라 주인이 히브리 사람을 우리에게 데려다가
우리를 희롱하게 하는도다 그가 나와 동침하고자 내게로 들어오므로 내
가 크게 소리 질렀더니 15그가 나의 소리 질러 부름을 듣고 그의 옷을 내
게 버려두고 도망하여 나갔느니라 하고 16그의 옷을 곁에 두고 자기 주
인이 집으로 돌아오기를 기다려 17이 말로 그에게 말하여 이르되 당신
이 우리에게 데려온 히브리 종이 나를 희롱하려고 내게로 들어왔으므로
18내가 소리 질러 불렀더니 그가 그의 옷을 내게 버려두고 밖으로 도망
하여 나갔나이다 19그의 주인이 자기 아내가 자기에게 이르기를 당신의
종이 내게 이같이 행하였다 하는 말을 듣고 심히 노한지라 20이에 요셉의
주인이 그를 잡아 옥에 가두니 그 옥은 왕의 죄수를 가두는 곳이었더라
요셉이 옥에 갇혔으나 21여호와께서 요셉과 함께 하시고 그에게 인자를
더하사 간수장에게 은혜를 받게 하시매 22간수장이 옥중 죄수를 다 요셉
의 손에 맡기므로 그 제반 사무를 요셉이 처리하고 23간수장은 그의 손
에 맡긴 것을 무엇이든지 살펴보지 아니하였으니 이는 여호와께서 요셉
과 함께 하심이라 여호와께서 그를 범사에 형통하게 하셨더라

요셉은 보디발의 아내에게 수차례 유혹을 받았지만 모두 거절했습니다. 그럼에도 불구하고 모함을 당해 누명을 쓰고 감옥에 갇혔습니다. 그러나 하나님은 감옥에서도 그와 함께하셨습니다(창 39:21). 하나님은 그를 버리지 않았습니다. 그는 혼자가 아니었고, 하나님은 큰 은혜를 베푸셨습니다. 간수가 모든 죄수를 요셉에게 맡겼고, 이번에도 그가 하는 일마다 형통했습니다.

Q 요셉이 유혹을 이기고 승리한 것에서 배울 수 있는 교훈은 무엇입니까?

하나님이 함께하시면 모함당하거나 감옥에 갇히는 등의 나쁜 일을 겪지 않을 것이라고 생각하는 사람이 많습니다. "만일 하나님이 우리를 위하시면 누가 우리를 대적하리요"(롬 8:31)라는 말씀을 '성도의 삶에는 역경이 없다'는 뜻으로 받아들이기 때문입니다. 그래서 같은 성경에 있는 고난, 기근, 벌거벗음, 위험 등 많은 어려움을 겪게 하실 것이라는 구절(롬 8:35-39)은 눈여겨보지 않고 넘어갑니다. 하지만 이것은 하나님은 나쁜 일이 일어나지 않도록 막아 주시는 분이 아니라, 나쁜 상황에서도 동행해 주시는 분이라는 것을 의미합니다. 하나님은 우리가 모든 고난과 시험을 안전하게 통과하도록 도우십니다.

Q 하나님이 나와 동행하시지 않는다고 느낀 적은 언제입니까? 반대로 하나님의 임재를 분명히 느낀 적은 언제입니까? 경험을 나눠 보십시오.

Q 상황이 좋을 때는 하나님이 함께하신다고 자랑하고, 상황이 나쁠 때는 하나님이 떠나셨다고 절망하는 이유는 무엇일까요?

요셉은 앞으로 오실 예수님을 예표합니다. 예수님은 배신을 당하시고, 죄수로 넘겨지시고, 옷이 벗겨지시고, 부당한 판결로 죽임을 당하실 것입니다. 그러나 예수님이 거절과 수치를 당하신 것은 이스라엘과 세계를 구원하시려는 하나님의 계획이었습니다. 예수님은 하나님께 버림받은 것 같아 보였고, 아버지를 향한 부르짖음은 응답되지 않은 것처럼 보였지만 빈 무덤을 통해 예수님이 혼자가 아니셨다는 사실이 분명히 드러났습니다. 하나님이 자기 아들의 정당성을 입증하신 것입니다.

우리는 요셉의 삶에서 하나님의 구원 계획을 엿볼 수 있습니다. 요셉은 고난당했고 버림받은 것처럼 보였습니다. 그러나 하나님이 요셉과 함께하셔서 자신의 선하신 계획을 성취하십니다. 요셉은 고난당하는 의인이었고 하나님이 함께하시는 자였습니다. 그리하여 비록 죄수가 되었지만 성공할 수 있었고, 그의 겸손이 그를 높여 결국 이스라엘과 모든 나라를 축복하게 되었습니다(창 12장; 빌 2장 참조).

Q 고난 속에서도 하나님이 함께하심을 아는 것은 낙심, 우울, 소외 같은 것들과 싸워 이기는 데 도움이 됩니다. 고난당할 때 붙잡는 말씀이 있습니까?

"역경 없이는 승리도 없습니다. 하나님은 당신을 쉬운 삶으로 부르지 않으셨습니다. 하나님은 당신을 독생자 예수 그리스도를 통한 승리의 삶으로 부르셨습니다."[3] _에이드리언 로저스

결론

우리가 따르는 그리스도는 높임을 받기 전에 고난을 당하셨고, 정당성이 입증되기 전에 부당한 대우를 받으셨고, 부활 전에 죽임을 당하셨습니다. 예수님은 "종이 주인보다 더 크지 못하다"라고 말씀하십니다. 만일 왕이 박해를 받는다면 왕을 따르는 우리도 박해를 받을 것입니다(요 15:20). 그러나 결국 세상을 이기고 축복을 받게 될 것입니다(요 16:33).

이 메시지가 두려움과 절망을 줄 수도 있지만 사실 이것은 지상 최고의

소식입니다. 그리스도가 우리를 위해 고난당하고, 정당성을 입증받으셨다는 사실 때문에 우리는 고난이 영원하지 않을 것이라는 하나님의 약속을 신뢰할 수 있습니다. 우리는 역경이 무의미하지 않다는 것을 알기 때문에 고통 중에도 소망을 가질 수 있습니다. 왜냐하면 우리는 혼자가 아니라는 것을 알 뿐 아니라 모든 것이 새롭게 될 날이 다가오고 있음을 알기 때문입니다.

그리스도와의 연결

요셉은 부당하게 고난당했지만, 후에 명망 있는 자리에 오르게 됩니다. 예수님도 부당하게 고난당하셨지만, 부활의 주로 높임을 받으셨습니다.

하나님의 계획
우리의 사명

우리는 하나님이 계획을 이루실 것을 신뢰합니다. 하나님은 당신의 일을 방해하는 것처럼 보이는 장애물까지도 사용해 독생자 예수 그리스도를 영화롭게 하시기 때문입니다.

1. 하나님의 아들 예수님께 영광을 돌리려고 힘쓰는 나를 지탱해 주는 하나님의 약속은 무엇입니까?

2. 결과에 상관없이 옳은 일을 하는 것이 왜 중요합니까?

3. 고난 가운데 있는 지체가 있습니까? 그리스도의 몸인 우리가 어떤 역할을 할 수 있을까요?

*
금주의 성경 읽기
욥 18-24장

언약에 신실하신 하나님

신학적 주제 **하나님은 주권자이시며 좋지 않은 상황에서도 선을 이루십니다.**

복수에 관한 최고의 고전은 에밀리 브론테의 소설 〈폭풍의 언덕〉일 것입니다. 집시 태생의 주인공 히스클리프는 언쇼에게 구출되어 성장하며, 언쇼의 딸인 캐서린과 사랑에 빠집니다. 그러나 언쇼가 죽자 그의 아들이자 캐서린의 오빠 힌들러에게 학대를 받게 됩니다. 견디다 못해 집을 나간 히스클리프는 3년 만에 돌아오지만 캐서린은 이미 다른 남자와 결혼을 했습니다. 복수심에 불탄 히스클리프는 힌들러는 물론 캐서린과 캐서린의 남편, 캐서린의 남편의 누이동생까지 괴롭힙니다. 캐서린이 죽자 그녀의 딸 캐시까지 복수의 대상으로 삼습니다.

Q 복수에 관한 소설이나 영화 중 좋아하는 것이 있습니까? 그 가운데 어떤 장면이 마음에 와 닿았습니까?

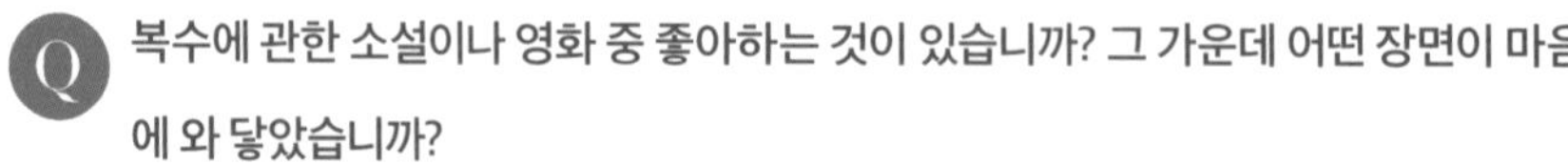

Date . .

광적인 복수심으로 스스로를 파괴한 히스클리프가 무서우면서도 측은한 이유는 우리에게 정의감이 있기 때문입니다. 우리는 잘못한 사람이 책임을 지고 벌을 받기를 바랍니다. 캐서린의 오빠 힌들러가 벌을 받아야 한다고 생각합니다. 문제는 우리 자신이 직접 정의를 실현하려고 하고 하나님께 맡기지 않는 것입니다. 원한과 원망을 품는 이유는 하나님의 정의에 대한 믿음이 없고, 우리가 하나님보다 더 잘 해낼 수 있다고 생각하기 때문입니다. 또한 우리가 당한 일이 하나님의 큰 계획의 일환이며, 하나님이 이를 선하게 사용하실 수 있음을 신뢰하지 못하기 때문입니다.

16. 신실하신 하나님

하나님의 신실하심은 하나님이 자신의 말씀을 지키시며, 언제나 자신의 약속을 성취하신다는 것을 의미합니다(고전 1:9; 딤후 2:13; 벧전 4:19). 하나님의 신실하심은 하나님이 아브라함, 이삭, 야곱에게 하신 약속을 성취하신 사건에서 드러납니다. 바울은 하나님의 속성인 '신실하심'(미쁘심)을 하나님이 자신의 말씀을 실행하시는 것과 연결하여, "너희를 부르시는 이는 미쁘시니 그가 또한 이루시리라"(살전 5:24)라고 말합니다. 우리가 하나님과 사람들에게 한 약속을 지킬 때 우리를 통해서 하나님의 성품이 드러납니다.

지난 세션에서 우리는 요셉이 큰 불의를 당하면서도 신실하게 믿음을 지킨 것을 보았습니다. 이 세션에서 우리는 하나님이 행하신 세 가지 방법을 통해 언약에 신실하신 하나님에 대해 살펴볼 것입니다. 하나님은 늘 신실하셔서 고난이 열매 맺게 하시고, 용서의 그림을 보여 주시며, 선으로 악을 이기십니다. 우리는 하나님의 사랑과 신실하심을 확신하는 가운데 우리에게 잘못한 자들을 용서하고, 상황이 어떠하든지 하나님을 신뢰하도록 부름받았습니다.

1. 하나님은 고난 중에도 열매를 맺게 하십니다(창 41:46-57)

많은 노부부가 종종 자신들이 얼마나 가난하게 결혼 생활을 시작해서 지금까지 악착같이 살았는지를 회상합니다. 그러고는 모든 것을 아끼고 저축해야 할 정도로 힘든 시기였지만 그때가 좋았다고들 말합니다. 있는 것이라고는 배우자뿐이었지만, 부유함 속에서는 경험하지 못할 방식으로 부부가 결속되었다고 말합니다. 신혼부부 시절에 받은 그 도전이 이후 수십 년의 결혼 생활을 견딜 수 있게 할 정도로 그들을 결속시킨 것입니다.

똑같은 진리가 영적으로도 적용됩니다. 다른 식으로는 이루어지지 않을 영적 열매가 고난으로부터 맺힙니다. 삶의 여정에서 만나는 고난은 우리에게 하나님이 필요함을 보여 주고, 무릎 꿇고 기도하게 몰아가며, 하나님께 믿음으로 매달리게 합니다.

Q 나를 더 나은 그리스도의 제자(배우자, 부모, 친구 등)가 되게 해 준 어려움에는 어떤 것들이 있습니까?

____

____

____

> *"요셉은 고난을 인내로 견뎠고, 인내는 그의 인격을 함양시켰고, 인격 덕분에 그는 소망 안에서 행했으며, 소망은 그를 실망시키지 않았습니다."*[1]
>
> _크리소스톰

요셉의 여정을 간단히 살펴보겠습니다. 그는 '강간 미수'라는 모함을 당해 오랜 세월을 감옥에서 보냈습니다. 감옥에 있는 동안 요셉은 꿈꾸는 자답게 바로의 술 맡은 관원장의 꿈을 정확히 해석했습니다. 요셉은 그에게 바로의 은총을 받을 때 자기를 기억해 달라고 부탁했습니다. 그러나 그는 복직되자 곧 요셉을 잊었습니다. 한 가닥 희망이 무너지고만 것입니다.

그로부터 2년 뒤 바로가 심상치 않은 꿈을 꾸었습니다. 그때 비로소 술 맡은 관원장이 요셉을 기억해 냈습니다. 요셉은 바로 앞에 서게 되고, 하나님의 능력에 의지해 꿈의 의미를 설명했습니다. "7년 풍년 후에 7년 기근이 이어질 것입니다." 이어서 요셉은 7년 기근에 대비한 지혜로운 계획을 제안합니다. 그리고 바로를 보좌하는 2인자로서 애굽을 다스리게 됩니다.

46요셉이 애굽 왕 바로 앞에 설 때에 삼십 세라 그가 바로 앞을 떠나 애
굽 온 땅을 순찰하니 47일곱 해 풍년에 토지 소출이 심히 많은지라 48 요
셉이 애굽 땅에 있는 그 칠 년 곡물을 거두어 각 성에 저장하되 각 성읍
주위의 밭의 곡물을 그 성읍 중에 쌓아 두매 49쌓아 둔 곡식이 바다 모
래 같이 심히 많아 세기를 그쳤으니 그 수가 한이 없음이었더라 50흉년이
들기 전에 요셉에게 두 아들이 나되 곧 온의 제사장 보디베라의 딸 아스
낫이 그에게서 낳은지라 51요셉이 그의 장남의 이름을 므낫세라 하였으
니 하나님이 내게 내 모든 고난과 내 아버지의 온 집 일을 잊어버리게 하
셨다 함이요 52차남의 이름을 에브라임이라 하였으니 하나님이 나를 내
가 수고한 땅에서 번성하게 하셨다 함이었더라 53애굽 땅에 일곱 해 풍
년이 그치고 54요셉의 말과 같이 일곱 해 흉년이 들기 시작하매 각국에
는 기근이 있으나 애굽 온 땅에는 먹을 것이 있더니 55애굽 온 땅이 굶주
리매 백성이 바로에게 부르짖어 양식을 구하는지라 바로가 애굽 모든 백
성에게 이르되 요셉에게 가서 그가 너희에게 이르는 대로 하라 하니라
56온 지면에 기근이 있으매 요셉이 모든 창고를 열고 애굽 백성에게 팔새
애굽 땅에 기근이 심하며 57각국 백성도 양식을 사려고 애굽으로 들어와
요셉에게 이르렀으니 기근이 온 세상에 심함이었더라

요셉은 30세에 애굽의 총리가 되었습니다. 그는 7년 풍년 동안 여러 도시에서 여분의 양식을 저장하는 계획을 실행했습니다. 마치 아브라함의 후손을 축복하시겠다는 하나님의 약속을 연상시키는 듯, 본문은 요셉이 쌓아 둔 곡식이 "바다 모래같이 심히 많아"(창 41:49) 셀 수 없었다고 말합니다.

요셉은 일뿐 아니라 가정사에서도 풍성한 열매를 맺습니다. 그는 아스낫과 결혼해 두 아들을 낳았습니다. 아들들의 이름에는 신학적인 교훈이 담겨 있습니다. 그것은 하나님이 요셉의 삶에 어떻게 역사하셨고, 자신의 계획을 어떻게 성취하셨는지를 가르쳐 줍니다.

Q 나와 같은 어려움을 겪고 있는 사람들을 위로해 본 경험이 있습니까?

2. 하나님은 용서의 그림을 보여 주십니다 (창 45:1-15)

많은 사람이 복수를 주제로 한 소설이나 영화를 좋아합니다. 그러나 우리가 따르는 왕은 원수를 사랑하고, 우리를 박해하는 자들을 위해 기도하고, 우리에게 잘못한 사람들을 용서하라고 명령하십니다. 왕이신 예수님은 원한을 품지 않는 문화를 창출하십니다. 그는 악이 선을 위해 사용되고, 용서가 구원으로 이어지는 더 크고 더 좋은 계획을 우리에게 보여 주십니다.

Q 내게 잘못한 사람을 용서하기 어려운 이유는 무엇입니까?

Q 용서가 고통스러운 이유는 무엇입니까?

요셉의 형제들이 양식을 구하러 애굽으로 내려가서 총리가 된 요셉에게 절을 했습니다. 요셉이 어릴 적에 꾸었던 꿈이 성취된 것입니다. 그런데 요셉은 형제들을 알아봤지만, 그들은 요셉을 알아보지 못했습니다. 요셉이 일련의 상황들을 통해 동생 베냐민을 애굽에 남게 하려고 계획을 세웠지만, 형들은 막내가 집으로 돌아가지 못하면 아버지 야곱이 죽을 것 같다고 걱정했습니다. 이 결정적 순간에 요셉이 자신의 정체를 형제들에게 드러냅니다.

1요셉이 시종하는 자들 앞에서 그 정을 억제하지 못하여 소리 질러 모든
사람을 자기에게서 물러가라 하고 그 형제들에게 자기를 알리니 그때에
그와 함께한 다른 사람이 없었더라 2요셉이 큰 소리로 우니 애굽 사람에
게 들리며 바로의 궁중에 들리더라 3요셉이 그 형들에게 이르되 나는 요
셉이라 내 아버지께서 아직 살아 계시니이까 형들이 그 앞에서 놀라서
대답하지 못하더라 4요셉이 형들에게 이르되 내게로 가까이 오소서 그
들이 가까이 가니 이르되 나는 당신들의 아우 요셉이니 당신들이 애굽
에 판 자라 5당신들이 나를 이곳에 팔았다고 해서 근심하지 마소서 한탄
하지 마소서 하나님이 생명을 구원하시려고 나를 당신들보다 먼저 보내
셨나이다 6이 땅에 이 년 동안 흉년이 들었으나 아직 오 년은 밭갈이도
못하고 추수도 못할지라 7하나님이 큰 구원으로 당신들의 생명을 보존하
고 당신들의 후손을 세상에 두시려고 나를 당신들보다 먼저 보내셨나니
8그런즉 나를 이리로 보낸 이는 당신들이 아니요 하나님이시라 하나님이
나를 바로에게 아버지로 삼으시고 그 온 집의 주로 삼으시며 애굽 온 땅
의 통치자로 삼으셨나이다 9당신들은 속히 아버지께로 올라가서 아뢰기
를 아버지의 아들 요셉의 말에 하나님이 나를 애굽 전국의 주로 세우셨
으니 지체 말고 내게로 내려오사 10아버지의 아들들과 아버지의 손자들
과 아버지의 양과 소와 모든 소유가 고센 땅에 머물며 나와 가깝게 하소
서 11흉년이 아직 다섯 해가 있으니 내가 거기서 아버지를 봉양하리이다
아버지와 아버지의 가족과 아버지께 속한 모든 사람에게 부족함이 없도
록 하겠나이다 하더라고 전하소서 12당신들의 눈과 내 아우 베냐민의 눈
이 보는 바 당신들에게 이 말을 하는 것은 내 입이라 13당신들은 내가 애
굽에서 누리는 영화와 당신들이 본 모든 것을 다 내 아버지께 아뢰고 속
히 모시고 내려오소서 하며 14자기 아우 베냐민의 목을 안고 우니 베냐
민도 요셉의 목을 안고 우니라 15요셉이 또 형들과 입맞추며 안고 우니 형
들이 그제서야 요셉과 말하니라

요셉이 형들을 용서할 수 있었던 이유는 그가 하나님이 이 순간을 위해 자신을 먼저 애굽으로 보내셨음을 깨달았기 때문입니다. 요셉의 애굽 행은 그의 가족을 기근으로부터 구하기 위한 하나님의 계획이었습니다. 하나님은 아브라함에게 하셨던 언약을 지키셨습니다. 하나님은 요셉이 고난과 수치를 당하고 애굽의 총리가 되기까지 모든 과정에서 야곱의 가족을 지탱하고 구하셨습니다.

예수 그리스도의 복음은 우리가 모두 죄인이지만, 그리스도께서 십자가에서 죽으심으로 우리의 모든 죄가 온전히 사해졌다고 가르칩니다. 그리스도께서 죄를 사해 주신 것은 우리가 우리에게 죄지은 자들을 용서할 수 있는 원동력이 됩니다. 용서하기를 거부하는 것은 단순한 불순종이 아니라 불신입니다. 원한을 품는 것은 그리스도의 십자가가 당신의 죄를 용서하기에는 충분하지만, 당신에게 잘못한 다른 사람을 용서할 만큼은 아니라는 불신앙입니다. 우리는 참으로 큰 용서를 받았습니다. 그러니 마땅히 우리도 용서를 베풀 수 있어야 합니다.

Q 원한을 품는 것과 복음은 어떻게 상반됩니까?

"성경적 용서는 우리를 해방시켜 하나님으로부터 받은 자비를 세상의 사람들에게 베풀게 합니다."[2] _레슬리 리랜드 필즈

Q 복음을 묵상하는 것이 어떻게 다른 사람에 대해 인내하게 하고, 용서하게 합니까?

3. 하나님은 선으로 악을 이기십니다(창 50:15-21)

미국 속담에 "악을 악으로 갚아야 좋을 게 없다"(Two wrongs don't make a right)라는 말이 있습니다. 누가 나를 학대했다고 해서, 그들을 학대할 권리가 내게 주어지는 것은 아니라는 의미입니다. 악을 악으로 갚으려는 악한 충동이 있을 수 있지만 그것은 하나님이 역사하시는 방법이 아닙니다.

하나님은 죄지은 자들을 용서하시는 분이며, 악으로 악을 갚지 않는 분입니다. 오히려 선으로 악을 이기시는 분입니다. 왜냐하면 하나님은 그분의 큰 계획 가운데 모든 것을 사용하실 수 있는 분이기 때문입니다. 우리도 그런 사랑을 모든 사람에게 베풀며 하나님을 따르도록 부름받았습니다. '모든 사람'에는 원수와 잘못한 사람들도 포함됩니다.

요셉의 초청으로 야곱(이스라엘)은 가족을 데리고 애굽으로 내려가서 기근이 있는 동안 살게 됩니다. 그때 이동한 가족은 대략 70명입니다(창 46:27). 애굽에 사는 동안 그들은 하나님의 축복으로 부유해졌고 번성했습니다(창 47:27).

하나님이 아브라함의 후손을 통해 온 세상을 축복하겠다고 약속하신 것을 기억하십시오. 그래서 야곱은 죽기 전에 하나님의 약속을 아들들에게 재천명하고 메시아가 유다에서 나올 것이라고 예언했습니다(창 49:8-10). 야곱이 죽자 요셉은 형제들과 함께 아버지의 시신을 약속의 땅으로 가져가 장사하고 애굽으로 돌아왔습니다. 요셉이 애굽으로 돌아오자 형제들은 근심하기 시작했습니다. 아버지가 돌아가셨으니 이제 요셉이 복수할 것 같았기 때문입니다.

> *15요셉의 형제들이 그들의 아버지가 죽었음을 보고 말하되 요셉이 혹시*
> *우리를 미워하여 우리가 그에게 행한 모든 악을 다 갚지나 아니할까 하*
> *고 16요셉에게 말을 전하여 이르되 당신의 아버지가 돌아가시기 전에 명*
> *령하여 이르시기를 17너희는 이같이 요셉에게 이르라 네 형들이 네게 악*
> *을 행하였을지라도 이제 바라건대 그들의 허물과 죄를 용서하라 하셨나*
> *니 당신 아버지의 하나님의 종들인 우리 죄를 이제 용서하소서 하매 요*
> *셉이 그들이 그에게 하는 말을 들을 때에 울었더라 18그의 형들이 또 친*
> *히 와서 요셉의 앞에 엎드려 이르되 우리는 당신의 종들이니이다 19요*

셉이 그들에게 이르되 두려워하지 마소서 내가 하나님을 대신하리이까
[20]당신들은 나를 해하려 하였으나 하나님은 그것을 선으로 바꾸사 오늘
과 같이 많은 백성의 생명을 구원하게 하시려 하셨나니 [21]당신들은 두려
워하지 마소서 내가 당신들과 당신들의 자녀를 기르리이다 하고 그들을
간곡한 말로 위로하였더라

요셉은 형제들에게 두려워하지 말라고 말했습니다. 요셉은 하나님의 정의를 신뢰하는 사람이며, 자신이 하나님의 자리에 있지 않음을 아는 자입니다. 하나님은 형제들의 악한 행동을 선하게 사용하셔서 많은 생명을 구원하셨습니다. 그래서 요셉은 그들을 용서했고, 위로했고, 그들과 가족을 돌보았습니다. 형제들에게 놀라운 은혜를 베푼 것입니다.

Q 억울하게 피해를 당한 경험이 있습니까? 그때 가해자에 대해 어떤 생각이 들었습니까?

Q 어떻게 하면 원수나 적에게 우리를 향한 하나님의 사랑의 표현인 용서와 자비를 베풀 수 있을까요?

요셉은 장수한 후 죽었습니다. 그의 시신은 애굽의 빌린 무덤에 장사되어 하나님의 백성과 함께 약속의 땅으로 돌아가기를 기다렸습니다. 창세기는 낙원으로 시작해 약속의 땅 바깥의 빌린 무덤으로 끝이 납니다. 하나님이 아브라함과 언약을 맺으셨고, 그 약속들은 아직 성취되지 않았습니다. 이야기는 여기서 끝나지 않고 계속될 것입니다.

요셉의 삶은 자신에게 잘못한 자들을 용서하실 메시아가 오실 것을 보여 줍니다. 요셉은 하나님이 형들의 범죄를 사용하셔서 많은 사람을 구원하실 것을 알았습니다. 예수님은 학대를 당하시고, 배신당하시고, 포로로 넘겨지시고, 결국 악한 사람들의 손에 처형되실 것입니다. 그는 십자가에 못 박히시는 동안 그를 죽이는 자들을 용서의 마음으로 바라보셨습니다(눅 23:34 참조). 예수 그리스도께서는 십자가 위에서 세상을 구원하는 용서를 베푸셨습니다.

그러고 나자 하나님이 그분을 높이 올려 세상 나라들이 물밀듯 나아와 그분 앞에 무릎 꿇고 주로 고백하게 하셨습니다(사 45:23; 빌 2:5-11 참조). 악인들이 메시아를 죽였지만, 하나님은 그들의 악행까지도 사용하셔서 인류 구원의 목표를 성취하셨습니다.

Q 복음은 나의 삶에 일어난 나쁜 일들을 어떤 관점으로 보게 해 줍니까?

____

____

____

"십자가는 하나님이 가능한 최고의 악을 취하여 최고의 선, 즉 악의 파괴를 이루실 수 있음을 보여 줍니다."[3]

_크리스토퍼 라이트

결론

불의를 당하면서도 어떻게 하나님의 계획이 더 나음을 신뢰하고 용서할 수 있을까요? 해결책은 예수 그리스도의 복음입니다. 성경은 예수님이 "욕을 당하시되 맞대어 욕하지 아니하시고 고난을 당하시되 위협하지 아니하시고 오직 공의로 심판하시는 이에게 부탁"(벧전 2:23)하셨다고 전합니다. 원수를 용서

하는 능력은 하나님의 정의와 자비를 신뢰하는 데서 나옵니다. 갈보리 언덕에는 정의와 자비가 임했습니다.

그리스도와의 연결

하나님은 요셉의 형제들의 악행을 기근에 처한 하나님의 백성을 구원하는 계획에 사용하셨습니다. 마찬가지로 하나님은 자신의 아들 예수님을 십자가에 못 박은 자들의 불의까지도 사용하셔서 인간을 죄와 사망에서 구원하시는 계획을 이루셨습니다.

하나님의 계획
우리의 사명

하나님은 우리에게 죄인을 용서하라고 하십니다. 왜냐하면 하나님을 사랑하는 자 곧 그 뜻대로 부르심을 입은 자들에게는 모든 것이 합력해 선을 이루기 때문입니다.

1. 고난으로부터 열매를 맺으시는 하나님을 신뢰합니까? 극심한 시련이 와도 이 신뢰를 지키기로 결단합니까?

2. 쉽게 원한을 품는 편입니까? 용서하는 마음과 용서할 수 있는 은혜를 구하는 기도문을 만들어 보십시오. 그리고 화해를 위한 계획을 세워 보십시오.

3. 예수님은 세상을 구원하시는 분입니다. 주님의 용서 메시지를 세상에 전하는 사명에 어떻게 동참할 수 있을까요?

＊
금주의 성경 읽기
욥 25-32장

부록 1 창세기에서 만나는 예수님

부록 2 창세기에 나타난 약속 / 부록 3 심판에서 구원된 사건들

부록 4 하나님이 공급하시다 / 부록 5 요셉의 생애

부록 6 창세기 지도 / 주

appendix

창세기에서 만나는 예수님

첫 사람 아담	>	죽음을 가져옴 (창 3장)	마지막 아담	>	생명을 가져옴 (롬 5장)
원복음	>	뱀으로부터의 구원을 약속하심 (창 3:15)	복음의 성취	>	예수님이 마귀의 일을 멸하심 (요일 3:8)
아벨의 피	>	정의를 호소함 (창 4장)	예수님의 피	>	용서를 선포함 (히 12:24)
홍수	>	방주가 노아의 가족을 구함 (창 6~8장)	세례	>	우리를 구원한 예수님의 부활 (벧전 3:20~21)
약속을 받은 아브라함	>	자손을 얻고 세상에 복을 줌 (창 12장)	예언을 성취하신 예수님	>	자녀 삼아 주시고 세상을 죄 가운데서 구원하심(갈 3장)
희생될 뻔한 이삭	>	"하나님이 자기를 위하여 친히 준비하시리라"(창 22장)	십자가에 못 박히신 예수님	>	"하나님의 어린양" (요 1:29)
하늘에 연결된 사다리 (또는 계단)	>	하나님의 임재 약속 (창 28장)	사다리(또는 계단)이신 예수님	>	하나님의 임재가 충만함 (요 1:51)
요셉이 고난받다	>	하나님의 계획에 따라 (창 50:20)	예수님이 고난을 받으시다	>	하나님의 계획에 따라 (행 2:23)
요셉이 용서하다	>	그의 형제들을 (창 45장)	예수님이 용서하시다	>	죄인들을 (눅 23:34)
요셉이 구하다	>	기근으로부터 백성을 (창 45장)	예수님이 구원하시다	>	죄로부터 사람들을 (행 2:36~41)

부록 1

창세기에 나타난 약속

아담(930세) ———— **생육하고 번성하여 땅에 충만하라, 땅을 정복하라, 바다의 물고기와 하늘의 새와 땅에 움직이는 모든 생물을 다스리라(창 1:28).** 하와와 함께 하나님의 형상대로 창조되었다. 그는 에덴동산에서 불순종의 죄를 저질렀고, 이로 인해 인류는 죄로 타락하고 창조 위에 저주가 내리게 되었다. 아담의 죄는 죽음을 가져왔지만, 하나님은 생명을 가져올 그 한 사람을 보내겠다고 약속하셨다(창 1-3장).

셋(912세) **에노스**(905세) **게난**(910세) **마할랄렐**(895세) **야렛**(962세) **에녹**(365세) **므두셀라**(969세) **라멕**(777세)

노아(950세) ———— **생육하고 번성하여 땅에 충만하라 땅의 모든 짐승과 공중의 모든 새와 땅에 기는 모든 것과 바다의 모든 물고기가 너희를 두려워하며 너희를 무서워하리니(창 9:1-2).** 하나님과 동행했던 의롭고 흠 없는 사람이다. 하나님께 순종하여 방주를 만들어 가족과 산 짐승들을 홍수로부터 구했다(창 6-9장).

셈(600세) **아르박삿**(438세) **셀라**(433세) **에벨**(464세) **벨렉**(239세) **르우**(239세) **스룩**(230세) **나홀**(148세) **데라**(205세)

아브람/아브라함(175세) — **너는 너의 고향과 친척과 아버지의 집을 떠나 내가 네게 보여 줄 땅으로 가라 내가 너로 큰 민족을 이루고 네게 복을 주어 네 이름을 창대하게 하리니 너는 복이 될지라(창 12:1-3).** 예수 그리스도 안에서 하나님의 약속을 믿는 모든 자의 조상이다(롬 4:11). 그는 자신의 가족을 이끌고 고향을 떠나 하나님이 보여 주시는 땅으로 가라는 명령에 순종했다. 아내 사래가 임신할 수 없었음에도 많은 자손을 주신다는 하나님의 약속을 믿었다. 아들 이삭을 희생하라는 하나님의 명령에 순종하려 했고 하나님이 주시는 대속 제물을 공급받았다(창 12-25장).

이삭(180세) ———— **내가 네게 지시하는 땅에 거주하라 이 땅에 거류하면 내가 너와 함께 있어 네게 복을 주고 내가 이 모든 땅을 너와 네 자손에게 주리라 … 네 자손으로 말미암아 천하 만민이 복을 받으리라(창 26:2-5).** 하나님이 아브라함과 하신 언약을 이어 갈 약속의 아들이다. 아브라함과 사라의 노년에 기적적으로 태어났다. 아브라함의 '외아들'로, 하나님이 희생하라고 시키셨지만 대속 제물로 인해 목숨을 건졌다(창 21-35장).

야곱/이스라엘(147세) —— **네가 누워 있는 땅을 내가 너와 네 자손에게 주리니… 땅의 모든 족속이 너와 네 자손으로 말미암아 복을 받으리라(창 28:13-14).** 이스라엘 12지파의 조상이다. 이삭이 불임이었던 리브가를 위해 기도해서 응답을 받아 에서와 함께 태어난 아들이다. 에서에게 속했던 장자의 축복을 받기 위해 아버지를 속였다. 하늘과 땅을 잇는 사다리(계단)의 꿈을 꿨으며 훗날 하나님과 씨름을 해 새 이름을 받았다. 애굽에서 죽었지만 소원대로 약속의 땅에 묻혔다(창 25-50장).

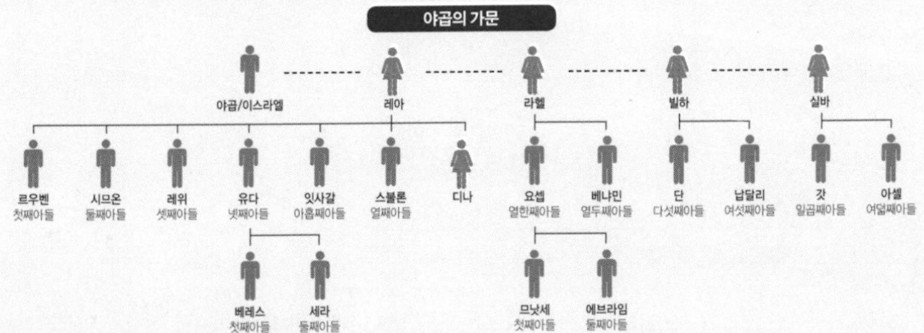

유다 — **규가 유다를 떠나지 아니하며 통치자의 지팡이가 그 발 사이에서 떠나지 아니하기를 실로가 오시기까지 이르리니 그에게 모든 백성이 복종하리로다(창 49:10).** 야곱의 사랑을 받지 못했던 레아에게서 난 넷째 아들이다. 돈을 받고 요셉을 노예로 팔자고 형제들을 주동했다. 집안 전통을 어기고 가나안 여인과 결혼했으며 과부가 된 며느리 다말을 버렸다. 다말이 창녀로 변장해 그를 유혹하여 임신하면서, 약속된 하와의 자손을 이어 가게 되었다. 훗날 유다는 동생 베냐민을 대신해 노예로 붙들려 있기를 자처했다(창 29-50장).

요셉(110세) — **여호와께서 요셉과 함께하셨으며 그의 가족과 민족의 생명을 구하기 위해 그를 애굽으로 보내셨다(창 39, 45, 50장).** 야곱의 사랑을 받던 라헬의 장자이다. 가족을 다스리는 꿈을 꾸었는데 결국 애굽에서 실현되었다. 하지만 이것은 그가 형제들에 의해 노예로 팔리고 여주인에 의해 부당하게 옥에 갇힌 후에 일어났다. 하나님이 악행 가운데 그분의 선한 계획을 실행시키셨다. 7년의 풍작과 뒤따른 7년의 흉년 동안 애굽의 모든 곳을 감독했다. 나중에는 가족을 포함한 모든 민족의 생명을 구했다. 애굽 땅의 남은 자로 그의 가족을 정착시켰으며 그들이 생존하고 번영하도록 공급했다(창 30-50장).

예수 생명과 축복을 가져올 마지막 **아담**이시다(롬 5장). 여자의 후손이 뱀의 후손을 상하게 할 것이라는 **원복음**을, 인간의 죄를 대신해 십자가에 못 박혀 죽으시고 부활하심으로 성취하셨다(요일 3:8). 완벽한 의로 **하나님과 동행한** 분이며 처녀에게서 기적적으로 잉태되셨고, 임마누엘, 즉 우리와 함께하셨다("하나님이 우리와 함께 계시다", 마 1:23). **아브라함**에게 약속된 바로 그 자손으로, 그를 믿는 믿음으로 말미암아 모든 민족에게 복이 되기 위해 오셨다(갈 3장). **멜기세덱** 계열의 제사장/왕으로 아브라함의 언약을 성취하시고 죄를 위해 흘린 그의 피로 새 언약을 맺으셨다(히 7-10장). 하나님의 **독생자**로서 자신의 아버지에 의해 희생되어 자신을 믿는 모든 사람이 멸망하지 않고 영생을 얻게 하셨다(요 3:16). 진정한 **이스라엘**로 하늘과 땅을 연결하시는 분이시다(요 1:51). **유다** 지파의 사자요, 사람들의 순종을 받기에 합당한 왕이시다(계 5:5). 십자가에 못 박히시고 악인에 의해 죽임당하신 분으로, **요셉**처럼 하나님의 확고한 계획과 믿는 모든 이를 구원하시려는 선견에 의해 넘겨지셨다. 하지만 부활을 통해 죄 없음을 입증하셨고, 하나님의 우편에 오르셔서 주님이자 메시아로 높임을 받으셨다(행 2:22-36).

부록 2

부록 3

심판에서 구원된 사건들

사건	내용	심판의 대상	구원받은 자
노아의 홍수 (창 6–9장)	홍수로 불어난 물	악인	노아와 그의 가족
출애굽 (출 1–15장)	재앙과 홍해	애굽 사람	이스라엘 민족
유배 (대하 36장)	바벨론 유수	유다와 예루살렘	남은 자
십자가 (롬 5장)	우리의 대리자(대속 제물)에 임한 하나님의 진노	죄인/ 예수 그리스도	예수님을 믿는 자
최후의 심판 (살후 1장)	하나님의 진노와 지옥	하나님의 대적	하나님의 백성

▶ 이 사건들에서 하나님은 대적들을 심판하셔서 자기 백성을 구원하셨다. 하지만 십자가에서는 죄인인 우리가 하나님의 대적이므로, 예수님이 우리 죄를 친히 짊어지심으로써 하나님의 심판을 대신 감당해 주셨다. 예수님으로 말미암아 우리는 죽음으로부터 구원받는다.

부록 4

하나님이 공급하시다

	죽음에 직면한 사람들	대속 제물	이유
창세기 22장	이삭: 아브라함의 "독생자"(창 22:2)	숫양	"아브라함이 그 땅 이름을 여호와 이레라 하였으므로 오늘날까지 사람들이 이르기를 여호와의 산에서 준비되리라 하더라"(창 22:14).
출애굽기 12–13장 (유월절)	장자	흠 없는 어린양이나 염소	"내가 애굽 땅을 칠 때에 그 피가 너희가 사는 집에 있어서 너희를 위하여 표적이 될지라 내가 피를 볼 때에 너희를 넘어가리니 재앙이 너희에게 내려 멸하지 아니하리라"(출 12:13).
레위기 16장 (대속죄일)	이스라엘 백성	숫양, 숫염소, 수송아지 등	"이날에 너희를 위하여 속죄하여 너희를 정결하게 하리니 너희의 모든 죄에서 너희가 여호와 앞에 정결하리라"(레 16:30).
요한계시록 5장	죄인	예수님: "하나님의 어린양" (요 1:29)	"세상 죄를 지고 가는 하나님의 어린 양이로다"(요 1:29). "일찍이 죽임을 당하사 각 족속과 방언과 백성과 나라 가운데에서 사람들을 피로 사서 하나님께 드리시고"(계 5:9).

요셉의 생애

밧단아람, 가나안에서 가족과 함께 살아감 [17년]

- 야곱이 가장 사랑했던 아내 라헬의 장자로 태어남
- 가족 모두 가나안으로 돌아옴(6세)
- 동생 베냐민이 태어나고 어머니 라헬이 죽음
- 야곱의 편애가 드러나는 채색옷을 받음(17세)
- 가족을 다스리는 꿈을 두 번 꿈(17세)
- 형제들에 의해 구덩이에 던져지고 미디안 상인들에게 은 이십에 팔림(17세)

노예, 죄수로 애굽에서 살아감 [13년]

- 애굽으로 끌려가 보디발의 노예로 팔림(17세)

여호와께서 요셉과 함께하시다(창 39:2)

- 보디발의 가정 총무로 승진, 집안 전체를 총괄함
- 보디발의 아내에 의해 간통으로 허위 고발당하여 옥에 갇힘

여호와께서 요셉과 함께하시다(창 39:21)

- 모든 옥중 죄수와 제반 사무를 맡음
- 함께 갇힌 바로의 술 관원장과 떡 굽는 관원장의 수종을 듦(28세)
- 술 관원장과 떡 굽는 관원장의 꿈을 해석한 지 3일 후 그 일이 실제로 이루어짐(28세)

다스리는 자로서 애굽에서 살아감 [80년]

- 바로 왕이 꾼 두 개의 꿈이 앞으로 닥칠 기근에 대한 것이라고 해석함(30세)
- 애굽에서 두 번째로 높은 자리에 임명됨, 아스낫을 아내로 맞음(30세)
- 기근에 대비해 수확물을 저장하도록 지시하고 감독함(30~37세)
- 아들 므낫세와 에브라임이 태어남
- 기근 동안 곡식을 판매하는 일을 감독함(37~44세)

71년간 애굽에서 가족과 함께 지냄

- 형들과 화해함, 아버지와 가족과 재회함(39세)
  - ▸ 형들이 곡식을 사러 옴, 베냐민을 데리고 오라고 요구함, 시므온이 볼모로 잡힘
  - ▸ 야곱이 애굽에서 가져온 곡식이 떨어질 때까지 베냐민을 보내기를 거절함, 유다가 베냐민을 책임지기로 함
  - ▸ 형들이 베냐민과 함께 곡식을 사러 감, 요셉이 베냐민의 자루에 은잔을 넣음
  - ▸ 베냐민이 도둑으로 몰려 노예 선고를 받음, 유다가 베냐민을 대신하겠다고 자청함
  - ▸ 요셉이 자신의 정체를 밝히고 형들을 용서함, 가족 모두를 애굽으로 초청함
- 야곱이 요셉의 아들들을 자신의 아들로 삼고 축복함(56세)
- 야곱이 죽어 가나안에 장사됨(56세)
- 요셉이 죽어 애굽에 장사됨, 그의 뼈는 약속의 땅으로 돌아가는 날을 기다림(110세)

주

Session 1

1. Timothy M. Pierce, *Enthroned on Our Praise*, in *NAC Studies in Bible & heology* (Nashville: B&H, 2008), p. 17.
2. Billy Graham, in *Billy Graham in Quotes*, eds. Franklin Graham with Donna Lee Toney (Nashville: Thomas Nelson, 2011), p. 89.

Session 2

1. Anthony A. Hoekema, *Created in God's Image* (Grand Rapids: Eerdmans, 1986), p. 11.
2. Christopher Wright, *The Mission of God's People* (Grand Rapids: Zondervan, 2010), p. 51.

Session 4

1. Oswald Chambers, in The *Quotable Oswald Chambers*, comp. and ed. David McCasland (Grand Rapids: Discovery House Publishers, 2008), p. 217.
2. Augustine, Sermons 49.7, quoted in *James, 1-Peter, 1- John, Jude*, ed. Gerald Bray, vol. XI in *Ancient Christian Commentary on Scripture: New Testament* (Downers Grove: IVP, 2000), p. 203.

Session 6

1. Chrysostom, *Homilies on Genesis*, trans. Robert C. Hill, vol. 82 in *The Fathers of the Church* (Washington, DC: The Catholic University of America Press, 1990), 222-23.
2. Oswald Chambers, in *The Quotable Oswald Chambers*, comp. and ed. David McCasland (Grand Rapids: Discovery House Publishers, 2008), 214.
3. Keith Whitfield, "The New Testament and the Nations," in *Theology and the Practice of Mission*, ed. Bruce Riley Ashford (Nashville: B&H, 2011), 162.
4. John Piper, "The Pride of Babel and the Praise of Christ," Desiring God [online], 2 September 2007. *www.desiringgod.org.*

Session 7

1. Christopher Wright, *The Mission of God's People*, p. 66.

Session 8

1. Caesarius of Arles, Sermon 84.2, *Genesis 12-50*, ed. Mark Sheridan, vol.II, *Ancient Christian Commentary on Scripture: Old Testament* (Downers Grove: IVP, 2002), p. 102.

Session 9

1. A. W. Tozer, *To Know You More*, by Andy Park (Downers Grove: IVP, 2002), p. 34.
2. Chrysosom, *Homilies on Genesis*, 49.5-6, *Genesis 12-50*, ed. Mark Sheridan, vol. II, *Ancient Christian Commentary on Scripture: Old Testament* (Downers Grove: IVP, 2002), p. 145.

Session 10

1. J. D. Greear, *Jesus Continued* (Grand Rapids: Zondervan, 2014), p. 173.
2. Hippolytus, *On the Blessings of Isaac and Jacob, 7, Genesis 12-50*, ed. Mark Sheridan, vol. II, *Ancient Christian Commentary on Scripture: Old Testament* (DownersGrove: IVP, 2002), p. 174-75.

Session 11

1. Richard F. Lovelace, *Renewal as a Way of Life* (Eugene, OR: Wipf and Stock, 1985), p. 146.
2. Augustine, Sermon 229f.2, *Genesis 12-50*, ed. Mark Sheridan, vol. II, *Ancient Christian Commentary on Scripture: Old Testament* (Downers Grove: IVP, 2002), p. 219.
3. Timothy Keller, *Counterfeit Gods* (New York: Dutton, 2009), p. 164.

Session 12

1. W. A. Criswell, "Coat of Many Colors," W. A. Criswell Sermon Library [online], 14 June 1989 [cited 29 January 2015]. Available from the Internet: *www.wacriswell.com.*
2. John Wesley, "Wesley's Notes on the Bible," Christian Classics Ethereal Library (online), 2005년 7월 13일(2015년 1월 29일 인용). *www.ccel.org*
3. Adrian Rogers, "Victory over Temptation," Love Worth Finding(online), 2013 (2015년 1월 29일 인용). *www.lwf.org*

Session 13

1. Chrysostom, *Homolies on Genesis*, tr. Robert C. Hill, vol. 87, *The Fathers of the Church* (Washington, DC: The Catholic University of America Press, 1992), p. 220.
2. Leslie Leyland Fields, "Forgiving the Sins of My Father, *Christianity Today* [online], 5 May 2014, *www.christianitytoday.com.*
3. Christopher J. H. Wright, *The God I Don't Understand* (Grand Rapids: Zondervan, 2008), 69.